心理学マニュアル
要因計画法

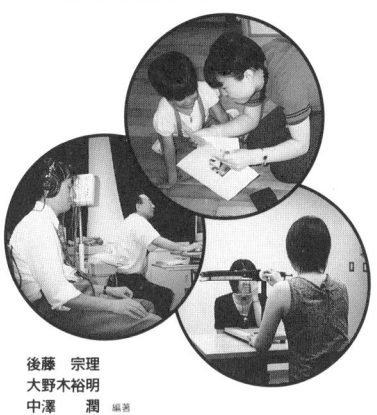

後藤　宗理
大野木裕明
中澤　潤　編著

北大路書房

執筆者一覧（執筆順）

◆

編者／後藤宗理・大野木裕明・中澤　潤

◆

後藤　宗理	■名古屋市立大学大学院人間文化研究科教授	：序章
黒沢　　香	■千葉大学文学部助教授　Ph.D.	：1章
杉村伸一郎	■広島大学大学院教育学研究科助教授　博士（教育心理学）	：2章
藤田知加子	■名古屋大学大学院教育発達科学研究科	：コラム①
遠山　孝司	■名古屋大学大学院教育発達科学研究科	：コラム②
丹羽　洋子	■高知大学教育学部助教授　教育学博士	：3章
大芦　　治	■千葉大学教育学部助教授	：コラム③
水野　りか	■中部大学人文学部教授　博士（工学・教育心理学）	：4章
服部　　環	■筑波大学心理学系助教授　教育学博士	：5章
﨑浜　秀行	■名古屋大学大学院教育発達科学研究科	：コラム④
鋤柄　増根	■名古屋市立大学人文社会学部教授	：6章
道田　泰司	■琉球大学教育学部助教授	：コラム⑤
大野木裕明	■福井大学教育地域科学部教授　教育学博士	：7章-1,2,3
田中　俊也	■関西大学文学部教授	：7章-4,5
塚本　伸一	■立教大学文学部教授　博士（心理学）	：7章-6,7
中澤　　潤	■千葉大学教育学部教授　博士（心理学）	：7章-8,9
太田　伸幸	■愛知工業大学基礎教育センター専任講師	：コラム⑥
小野寺淑行	■東北大学大学院教育学研究科教授　博士（教育学）	：8章-1,2
小笠原昭彦	■名古屋市立大学看護学部教授　博士（心理学）	：8章-3,4
坂西　友秀	■埼玉大学教育学部教授　博士（教育心理学）	：8章-5
原　　孝成	■西南女学院大学短期大学部助教授	：8章-6

はじめに

『心理学マニュアル要因計画法』は，心理学で卒論を書くことをめざしている大学生諸君，あるいは今後この分野の研究を新しくマスターしようとする大学院生を読者として書かれた。したがって，卒論レベルの心理学研究の指導助言を行なう先生方，あるいはできるだけ自分の力で修得しようと試みている学生・院生諸君にも，まさしくマニュアルとして利用いただける具体的な一書になるように努めた。

本書の読者の多くは，おそらくは，これまでに刊行されているユーザー向けの心理・教育統計書だけでは物足りない人たちだろう。たしかに，数式がびっしりと書き込まれた本格的な心理・教育の統計書はずいぶんある。しかし，それらを見ても，実際には，それらが自分の興味あるテーマにどう使えるのか，さっぱり見当がつかない。他方で，たしかに非常に具体的に心理・教育統計の計算手順が書かれたハウツー本もまた刊行されている。けれども，それらをみても，わかりやすさを追求する結果，あまりにも単純すぎていて，いざ自分のデータにあてはめようとしても役に立たない，ということがなかっただろうか。

これを指導教授の立場からいうならば次のようになる。「学生・大学院生の研究計画をみてアドバイスをしたり，研究発表会で統計処理や結論・考察の不備を指摘する，このような内容に気配りをした本が日本にあれば，私はどんなに楽になるだろう……」。

本書の特徴は，まさにこの一点につきている。第3部に，研究例題を演習風にまとめてみたり，第2部に，日本の類書にみかけない傾向検定の手順を示したのもこのようなねらいによる。

分散分析や実験計画の論理は，一見すると，とっつきにくい。また，理屈っぽい感じがするかもしれない。けれども，どうかあきらめずに，本書でしっかりと基礎を学んでもらいたい。そうすれば，かならずや科学的な思考法や心理学的な分析法が体得でき，やがて自分でも驚くほど心理学的な力量がついたことに気づくだろう。

ここで簡単に本書の構成を紹介しておこう。序章と第1部は，因果関係や影響要因を科学的に推論する方法の原理的な解説である。第2部は科学的な推論モデルの解説と演習である。しつこいほど懇切丁寧に例示されているので，まったくの初心者にはとっつきにくいかもしれないが，類書を何冊も買いあさり

ながらも不満の残る読者には，かゆいところに手のとどく待望の一書になっているだろう。第3部は卒論，修士論文の指導会をイメージした。分散分析や t 検定を使った心理学的研究の長所や短所，さらには手堅さやおもしろさが味わえるだろう。第1部，第2部を後回しにして，第3部から読んでいただいてもよいだろう。

　本書ではまたいくつかのコラムをもうけた。まず文献研究から始める人や，これから研究計画をたてたり研究を実施しようとする初心者には参考になると思われる。

　この『心理学マニュアル要因計画法』は，先の『心理学マニュアル観察法』（1997年），『心理学マニュアル質問紙法』（1998年），『心理学マニュアル面接法』（2000年）につづく，心理学の研究法シリーズの第4冊目にあたる。あわせて，前書もみていただければ幸いである。

　最後になるが，このシリーズに対してご支援くださっている読者の方々，北大路書房の方々と，忍耐強く編集につきあってくださった石黒憲一氏に感謝したい。

　　　　　　　　　　　　　　　　2000年10月
　　　　　　　　　　　　　　編者　後藤宗理・大野木裕明・中澤　潤

目　次

はじめに

序章　研究計画の考え方　1

1. 研究のタイプ　1
2. 実験的研究の進め方　1
   実験計画のポイント／仮説の設定
3. 実験的研究の特徴　3
4. 分散分析の基本的考え方　5
5. 要因計画法を用いて卒業論文を書くにあたって　6

第1部　要因計画法の理論　7

1章　研究計画の進め方1　8

1. ない袖は振れない　8
2. 分析単位，変数，経験則，そして仮説　8
3. 仮説演繹による検証　9
4. 研究仮説の設定　10
   現実的に，地道に，そして着実に／棄却可能な仮説／仮説と対立仮説
5. 独立変数と従属変数　13
6. 操作的定義　15
7. 実験の結果　16
   厳しいことは少しもよいことではない
8. 要因計画法と分散分析　16

2章　研究計画の進め方2　18

1. 剰余変数の統制と統制群　18
   因果的な見方／剰余変数／剰余変数の統制／教示に関する留意点／実験者効果／実験群と統制群
2. 適切な推論　21
   実験と分散分析の前提／帰無仮説／検定がおかす誤りの種類／結果の解釈と一般化
3. 研究の倫理　25
   実験の計画と責任／説明と同意／欺瞞の使用とその説明／情報の提供と秘密の保持

コラム① 文献収集の方法／27
② 実験・分散分析的研究者と調査・相関的研究者／28

第2部 要因計画法の手順　29

3章　被験者間1要因計画　30

1. 被験者間1要因計画とは　30
2. 測定値の構造モデル　31
3. 検定統計量の計算過程　33
4. 多重比較　34
   多重比較の方法／計算手順

コラム③ 日常生活での分散分析／39

4章　被験者内1要因計画　40

1. 被験者内1要因計画とは　41
2. 被験者内1要因分散分析　42
   原理／計算手順
3. 多重比較　46
4. 傾向検定　47
   原理／計算手順
5. 被験者内1要因計画のメリットとディメリット　49
   メリット／ディメリット
6. 乱塊法　50

5章　被験者間2要因計画　54

1. 被験者間2要因計画で検証できること　55
2. データの構造モデル　56
3. 分散分析表　57
   平方和の分解／検定統計量の計算／多様な交互作用
4. 事後分析　62
   要因Aの単純主効果の検定と多重比較／要因Bの単純主効果の検定と多重比較／全セル間の対比較／主効果の多重比較
5. くり返しの数が不ぞろいの場合（被験者の人数が群により異なる場合）　67

　　　　　交互作用が有意であるときの事後分析／主効果の多重比較
　6．乱塊法　70
　　　　　乱塊法に基づく分散分析表／事後分析
　7．枝分かれ配置　74
　　　　　母数模型と変量模型／枝分かれ配置の分散分析／検定統計量の計算

　　　　コラム④　要因計画を使った研究が掲載される心理学雑誌／81

6章　被験者間・内混合2要因計画　82

　1．被験者間・内混合2要因計画　84
　2．被験者間要因×被験者内要因の2要因分散分析　85
　　　　　原理と基本的計算手順／被験者内要因をもつ要因計画と検定力／傾向検定／多重比較／単純主効果

　　　　コラム⑤　心理学研究を通して批判的思考を身につける／105

第3部　要因計画法の展望　107

7章　研究計画のドリル　108

　1．この章を読むにあたって　108
　2．同時通訳のコミュニケーション・スキルを高める教授法の開発　108
　　　　　問題／方法／結果／考察／要約／問題点：教授からのコメント
　3．集中的グループ体験が花粉症患者の抑うつ感の改善に及ぼす効果　112
　　　　　問題／方法／結果／考察／要約／問題点：教授からのコメント
　4．信念の変更に寄与する説得法　116
　　　　　問題／方法／結果／考察／要約／問題点：教授からのコメント
　5．アイコンタクトと印象形成　120
　　　　　問題／方法／結果／考察／要約／問題点：教授からのコメント
　6．障害者に対する態度の変容に情報呈示が及ぼす影響　124
　　　　　問題／方法／結果と考察／要約／問題点：教授からのコメント
　7．児童の表情認知に関する研究　128
　　　　　問題／方法／結果と考察／要約／問題点：教授からのコメント
　8．保存実験における1回質問の効果　132
　　　　　問題／方法／結果／考察／要約／問題点：教授からのコメント

9．幼児の表情弁別　　136
　　　問題／方法／結果／考察／要約／問題点：教授からのコメント

　　　　　　　　コラム⑥　分散分析が計算できる統計ソフト／141

8章　要因計画法の実際　　142

1．教科教育学研究領域―その1．算数―　　142
　　　問題／方法／結果／考察／コメント
2．教科教育学研究領域―その2．理科―　　146
　　　問題／方法／結果／コメント
3．看護学研究領域―その1．小児の Health Locus of Control の測定―　　149
　　　問題／方法／結果／考察／コメント
4．看護学研究領域―その2．看護処置における患者の対人認知とストレス覚醒度の変化―　　152
　　　問題／方法／結果と考察／コメント
5．心理学研究領域―その1．新聞記事と識者のコメントの効果―　　155
　　　問題／方法／結果／考察／コメント
6．心理学研究領域―その2．幼児の友だちと知っている子に対する行動予測の検討―　　160
　　　問題／方法／結果と考察／コメント

　　付表1：t の臨界値　　166
　　付表2：分散分析における F の臨界値　　167
　　付表3：q の臨界値　　170
　　付表4：直交多項式の係数 C_{mj}　　172
　　人名・事項索引　　173

【編集部注記】
ここ数年において，「被験者」（subject）という呼称は，実験を行なう者と実験をされる者とが対等でない等の誤解を招くことから，「実験参加者」（participant）へと変更する流れになってきている。本書もそれに準じ変更すべきところであるが，執筆当時の表記のままとしている。文中に出現する「被験者」は「実験参加者」と読み替えていただきたい。

序章 研究計画の考え方

1 研究のタイプ

　心理学をはじめ行動科学の研究は，自然科学の方法を取り入れた一定の手続きに従って人間行動の法則を確立することを目的としている。研究には4つのタイプがある（Polit & Hungler, 1998 ; Rosenthal & Rosnow, 1991）。

　第一は記述的研究である。取り上げる現象が人々の間にどのように現われているかを明らかにすることを目的とした実態調査的な研究がこれにあたる。このタイプの研究では，結果は「ある現象の実態はXである」という形で記述される。

　第二は探索的な研究である。このレベルの研究では，ある要因と別の要因がどの程度関係しているかを調べることを目的としており，相関的研究とよばれる。この研究では「XとYは関係がある」という形で結果が表わされる。

　第三は説明的研究である。この研究は，因果関係を明らかにする目的で行なわれる。いわゆる実験的研究とよばれるのがこのタイプである。この研究では，結果は「XはYの原因である」というように記述される。科学的研究の究極の目標が法則性を見いだすことであることを考えると，実験的研究が最もレベルの高い研究といえる。本書では，この因果関係を究明することを目的とする実験的研究の進め方と分析方法について詳しくみることになる。

　第四は予測と統制の研究である。このタイプの研究としては，説明的研究の知見を実際の場面に適用する実践研究があり，例として介入研究をあげることができる。

2 実験的研究の進め方

　心理学研究の多くは，数量的研究である。研究では，研究者が手続きに従って被験者にはたらきかけを行ない，その行動の変化を観察，記録し，変化の特

徴を数量的に表現することが基本的な過程となる。

　研究手続きの中で研究者によって変化させることができるものを変数とよぶ。そして，研究者が決められた条件のもとで変数の操作を行ない，その操作の影響の違いを比較検討する手続きを実験とよんでいる。

　実験的研究を進めるにあたって，科学的研究の基本的条件である客観性，再現可能性，論理一貫性が重要であることはいうまでもないが，このほかに，実験操作，条件統制，無作為化の3点が条件としてあげられる。

　上記3条件を取り入れた実験計画のたて方を実験計画法とよんでいる。

実験計画のポイント

　心理学実験では，日常の生活場面でも実験室においても，研究で取り上げる条件の違いによって，個体に異なる影響が及ぶことを確認することを目的としている。その際に，研究者としては問題にしている条件以外はすべて同じという仮定のもとに計画を進めることになる。つまり実験計画の立案にあたっては，誤差を最小にした実験操作，条件の統制，無作為抽出法によるデータの代表性という3点についての配慮が必要ということになる。

　実験的研究は実験室実験による場合が多い。実験手続きは，少なくとも2つの実験グループを用いて行なわれる。すなわち，2グループのうち一方のグループに対して実験操作あるいは処理が施される。このグループを実験群とよぶ。そして処理が施されないグループである統制群との間で処理の有効性が比較される。しかもこの処理は多くの場合，水準によって効果が異なることが予想される。このようなタイプの実験を「事後テストのみ実験」（post-test experiment：Polit & Hungler, 1987）とよんでいる。ここで，実験者が行なう操作あるいは処理に関係する変数は，操作変数あるいは独立変数とよばれている。また，操作や処理の影響を受けて変化する結果は，結果変数（基準変数）あるいは従属変数とよばれている。

　一方，実験処理の前後2時点で測定する実験計画もある。この場合を「事前―事後テスト実験」（pre-post test experiment：Polit & Hungler, 1987）とよんでいる。

　実際の心理学研究は必ずしも1つの変数だけで説明が可能になるとはかぎら

ない。むしろ，2つ以上の変数が複雑に絡み合っている問題を解明していくことのほうが多いと思われる。2つ以上の要因の関係を解明する実験計画法を要因計画法（factorial design）とよんでいる。要因計画法では，それぞれの要因について2つ以上の水準で操作が加えられ，その影響・効果が測定される。

ここでの研究者の関心は，ある条件（A）では処理の効果が認められないのに，もう一方の条件（B）では処理によって効果があるという主効果の有無を検討することにある。さらに条件Aの処理水準である a_1 と a_2 とでは条件Bの処理水準 b_1 と b_2 に異なる効果をもたらすことがある。このような効果の違いを，交互作用効果とよぶ。

仮説の設定

研究を計画するにあたっては，これまでの研究結果や，理論，推測，観察，日常の経験などに基づいて仮説を設定する。

仮説は，研究で検証すべき2つ以上の変数間の関係を予測するためにたてられた命題である。この際，1でみたように相関的研究ではXとYは関係があることは記述できるが，XとYのどちらかがもう一方に影響を及ぼしているという因果関係までは決まらない。一方，実験的研究の場合には独立変数と従属変数の関係を記述したものになるので，Xの効果によってYに変化が生じることが予想できる。この仮説の設定は，文献の検討に基づくこれまでの知見の吟味がなされたうえでの作業となる。

③ 実験的研究の特徴

データの収集方法は，ふつう，実験法，観察法，質問紙法，面接法などに分けられる。どの方法を採用するかは研究の目的によって異なる。それぞれの収集方法の具体的技法については，中澤ら（1997），鎌原ら（1998），保坂ら（2000）などに詳しい。方法の比較は表0-1にまとめた。

実験的研究で考慮する事項のひとつは，被験者の無作為化である。無作為化は，実験室的研究の場合には，実験条件への割り当てを，ある特徴をもった被験者に集中しない手続きである。調査的研究の場合には標本抽出の段階での無作為化を意味しているが，現実には実施費用など多くの困難をともなう。

序章　研究計画の考え方

●表0-1　実験法と質問紙法，観察法，面接法の特徴の比較

比較の視点／データ収集の方法	実験法（実験的観察法）	質問紙法（質問紙調査法）	観察法（自然的観察法）	面接法
研究のおもな型	因果関係型	相関関係型・記述研究型	記述研究型・相関関係型	記述研究型
研究の対象の範囲	人間・動物	人間（文字の読み書きができる年齢の人）	人間・動物	人間（言語的コミュニケーションが可能な年齢の人）
研究者の統制の程度	取り上げる変数の操作をするとともに，剰余変数の統制をする	教示文・質問文は統一したものを呈示する	人為的に操作を加えない，あるいは対象とする行動が生じるような環境を研究者が設定する	原則として不可能，面接者と被面接者の相互作用を積極的に評価する
標本の無作為化の程度	原則として厳密に条件に割り当てる	一般には標本の無作為化は実施していない	不可能	社会調査的研究の場合をのぞいて不可能
データ収集の場面	実験室あるいは日常の生活場面	集団で実施，あるいは郵送	自由遊び場面のような自然的場面や日常の生活場面	個室あるいは日常の生活場面
収集されるデータの単位	量的指標	名義尺度，間隔尺度	名義尺度，間隔尺度，記述記録	名義尺度，記述記録
長所	①観察の視点や解釈が客観的に行なわれる。②因果関係について信頼できる推測が可能である。③研究自体を統制して，特定の問題を研究するために計画された事態を作り出すことができる。	①個人の内面を幅広くとらえられる。②多人数に同時に実施できる。また比較的短時間で実施可能である。③費用が比較的安くすむ。④実施の条件を斉一にできる。⑤調査対象者のペースで回答できる。⑥得られたデータは客観的に処理できる。⑦一度に多くの要因を考慮してデータを集めることができる。	①対象者への拘束や制約が少なく，日常生活上の自然な行動を対象にできる。②行動そのものを対象とするので，乳幼児や障害児，動物などを対象とすることができる。	①融通がきく。②こころの内面を理解することができる。③相手の回答に応じてより深い質問ができる。
短所	①環境操作が被験者にとっては非日常的なこと，人工物となりがちである。②簡単には実験的操作のできない変数が多くある。③技術的には可能であるが倫理的な配慮から操作できない変数が多く存在する。④一度に多くの要因を考慮して大量のデータを集めることはできない。⑤被験者が自分自身，研究の対象になっているとわかっている。	①個人の内面を深くとらえることがむずかしい。②調査対象者の防衛がはたらきやすい。③適用年齢に制限がある。	①観察対象となる行動が生起するのを待たなければならない。②プライベートな行動の観察はむずかしく観察可能な行動に限界がある。③観察の視点や解釈が主観的になりやすい。	①客観的に統制することがむずかしい。②一度に大量のデータを得ることはできない。③時間がかかる。
おもな分析法	分散分析・要因計画法	相関分析・多変量解析	χ^2検定・記述統計	χ^2検定

保坂ら（2000）；鎌原ら（1998）；中澤ら（1997）；牧野（1973）などを参考にして筆者が作成

また，実験室実験においては研究者自身が実験者になることがバイアスになることもある。つまり，仮説の設定から実験の内容まですべてを知ったうえでの実験であるために，実験者の期待効果が生じる恐れがある。一方，研究者以外の人（たとえば大学院生）を訓練して実験者とする場合にも実験手続きの不徹底から生じる問題が発生することもある。こうしたことから，よい実験手続きを計画することが必要となる。さらに実験室実験の中には，実験室へ連れて来られることで被験者が日常とは異なる特別の空間にいるということを意識する場合もある。このように，実験条件の統制を目的として実験室実験を行なっても別の問題が生じる可能性があるところに心理学研究のむずかしさがある。

④　分散分析の基本的考え方

　実際にデータを収集した後は，研究目的に沿って適切な統計的分析が行なわれなければならない。要因計画法では，ふつう3つ以上のグループの平均値を比較することになる。この場合には，分散分析法による分析とそれに付随した一連の手続きによって比較が行なわれる。結果は数値で示されるが，顕著な結果については図示して読者に訴えることも必要である。

　要因計画法の利点は少数の事例で統計的に有意かどうかを検討できることである。つまり，それぞれの実験条件に被験者を割り当てて得られる結果が，推測統計学の考え方に従って検討される。この考え方に従えば，被験者は設定した条件の背後にある母集団から無作為に抽出された標本ということになる。

　分析結果は母集団において認められる傾向，あるいは条件間の差という視点から検討されることになる。分散分析の基本的考え方は次のようである。すなわち，被験者一人ひとりのデータは，統計学の観点からいえば，誤差を含んだものである。実験計画法ではその被験者のデータには個人にもともと含まれている変動部分と実験操作によって生じる変動部分が含まれていると考える。そして，個人の変動部分よりも実験操作による変動部分のほうが大きければ，実験操作の効果があったと考えるのである。その変動部分の大きさを分散で表わし，各変動部分を比較して相対的な比をF値によって示すことになる。

⑤ 要因計画法を用いて卒業論文を書くにあたって

　相関研究にくらべると実験研究では1回の実験で取り上げる変数が極端に少ない。したがって文献研究によって取り上げる変数を吟味しておくことが重要である。また条件の統制をしたにもかかわらず予想した結果が得られないことがよくある。その理由として、実験者が予想しなかった要因が影響することがある。それだけに計画段階での周到な準備が大切になる。

　手間ひまかけて行なった実験も被験者のデータを分析すれば、それでひとつの研究は完了となる。ただし、質問紙調査とは異なり、データを得た後では手を変え、品を変えた分析は不可能である。要因計画法を用いた研究では、実験をくり返す以外、有効な方法はないことを記しておきたい。

引用文献

保坂　亨・中澤　潤・大野木裕明（編）　2000　心理学マニュアル面接法　北大路書房
鎌原雅彦・宮下一博・大野木裕明・中澤　潤（編）　1998　心理学マニュアル質問紙法　北大路書房
中澤　潤・大野木裕明・南　博文（編）　1997　心理学マニュアル観察法　北大路書房
Polit, D. F. & Hungler, B. P. 1987 *Nursing research-Principles and methods*, 3rd ed. Philadelphia, PA : J. B. Lippincott Co. 近藤潤子（監訳）　1994　看護研究：原理と方法　医学書院
Polit, D. F. & Hungler, B. P. 1998 *Nursing research-Principles and methods*, 6th ed. Philadelphia, PA : J. B. Lippincott Co.
Rosenthal, R. & Rosnow, R. L. 1991 *Essentials of behavioral research-Methods and data analysis*, 2nd ed. New York : McGraw-Hill.

参考文献

原岡一馬　1990　心理学研究の方法と問題　ナカニシヤ出版
牧野達郎　1973　実験の計画　大山　正（編）　実験Ⅰ（心理学研究法2）第1章　東京大学出版会
Rosenthal, R. & Rosnow, R. L. 1975 *Primer of methods for the behavioral sciences*. New York : John Wiley & Sons. 池田　央（訳）　1976　行動研究法入門：社会・心理科学への手引　新曜社

第1部 要因計画法の理論

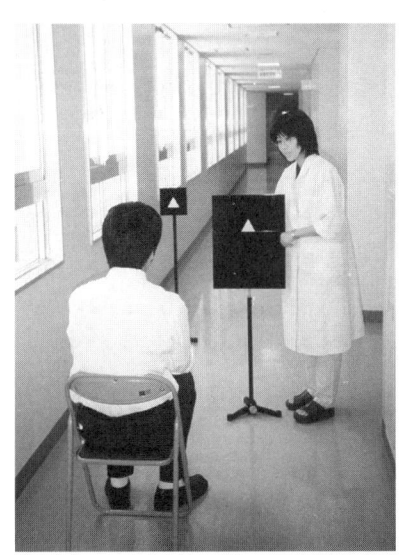

第1部では，心理学研究における因果関係検討の基礎的概念を理解するために2つの章が用意してある。1章では，仮説検証の論理や実験デザインや分散分析の考えが解説される。2章では，統制群の設定や実験の諸注意などが解説される。これら心理学研究のための基本的な考え方については十分理解してもらいたい。

研究計画の進め方1

１ ない袖は振れない

　少し前，ある全国紙の社会面に「立春には卵が立つ」という囲み記事が出たことがある。立った卵1ダースを前に，実証を試み成功させた人の写真がつけられていた。記事を読んだ人の多くが，生卵が立つ条件がなぜ立春なのか，頭をひねったのではないかと思う。あなたなら，どんな説明を考えただろうか。

　ところが，どんなにすばらしい仮説を考えついたとしても，なぜ立春なのかは説明できない。なぜなら，慎重に注意深く試みれば，卵を立てるのは立春だけでなく，どんな日でも可能だからである。「なぜ立春に卵が立つのか」という問題設定はおかしい。この日だけ卵が立つという現象は存在しない。存在しない現象は説明のしようがないのである。「超能力は科学では説明できない」などというのも同じで，現象の存在がまず証明されるべきである。確実にあるなら研究者がほうっておかない。科学は説明のない現象を嫌うのである。

　存在しない現象は，研究したり説明したりできないことに加え，要因計画法を前提にするとき，実験的に起こせない現象は研究できないという問題がある。たとえば，認知的不協和（Festinger, 1957）について考えてみよう。この現象が存在することは，1960年代に出された数多くの研究報告から判断してまちがいない。しかし，実験的に認知的不協和を起こすのは，それほど容易ではない。事実，わが国ではこの現象に関する実験論文はあまり多くない。認知的不協和を実験的に起こすことに成功していないから，研究ができないのである。

２ 分析単位，変数，経験則，そして仮説

　説明されるべき対象＝現象があることを前提に，科学の基礎である観察は，現象を正確かつ詳細に把握するために行なわれる。現象の具体的な個々の事例を観察して測定し，指標により数値化する。個々の事例が分析単位である。認

知的不協和を例にとれば，それぞれの個人に起きた不協和が現象の1事例であり，これを分析単位とすべきであるが，心理学では便宜的にその個人を分析単位とする。さらに，現象が起きた，つまり，その個人が置かれた状況・文脈についても，同じように観察・測定して数値化する。これが研究の第一段階である。

分析単位（個人）ごとに同じ測定をくり返し，数値化したものが変数である。すべての分析単位が同じ数値では変数にならないし，データ分析はできない。また必然的に，現象とその周辺の変数がそれぞれ複数測定される。これらの変数を検討材料に，個々の分布を調べたり，変数どうしの関連（相関）を計算するのが第二段階である。この段階での結果が経験則になる。つまり，変数間の安定した関係であり，このレベルでの法則性では，現象を十分に説明できないとしても，起こり得る現象の形・特徴を予測することを可能にする。これだけでも十分な価値があり，研究が一応の成果をあげたといえるだろう。

科学の研究をよく知らない人たちは，科学を経験則のレベル＝第二段階までとしか考えないことが多いようである。つまり，すべては観察で始まり，集められたデータを科学者が細かく検討して理論をみつけ，そこで終わる。ふつうの科学者と天才的な科学者の違いは，後者が天才的ひらめきによって「より正しい理論を発見する」ものだと思っている。しかし，以下に述べるように，科学の理論＝仮説は発見されるというより，創造されるものである。

科学研究の第三段階として，得られた経験則を説明する仮説の生成がある。つまり，経験則という具体的な変数のレベルではなく，抽象的な理論のレベルで，変数に対応する構成概念を想定し，その概念間の因果関係をモデル化したものが仮説である。抽象化し理論のレベルでモデルを作るのは，普遍性を求めるからである。手持ちの事例にあてはまるだけでなく，現象のすべての事例が同様に説明できなければならない。すべてにあてはまるかどうかは，次の第四段階で検証される。この段階こそが，本書が扱う要因計画を用いた実験である。

③ 仮説演繹による検証

仮説がこれまでの事例だけにあてはまればよいのなら，事例にあわせて融通

むげに理論を作ればよい。そんな理論を作るだけなら，たいした工夫もいらない。天才的な科学者である必要もないだろう。しかし，それでは普遍性は得られない。科学の法則は，事例全般にあてはまらなくてはならないのである。

普遍的にあてはまるかどうかは仮説演繹による検証で調べる。その方法は，抽象レベルの仮説から演繹して具体的状況における現象の特徴を予測し，それが予測通りに観測できるかどうかを確かめる。予測通りなら，予測を可能にした仮説に価値がある。言い換えれば，これまでの事例以外に新たにサンプリングして，現象の特徴が仮説の想定する通りか確かめるのである。

このように，要因計画に基づく実験研究の出発点は仮説である。仮説は実証研究で最も重要なものであり，検証されるべき仮説が適切に記述できれば，研究の大部分が完了したと考えてもよいくらいである。残念ながら，適切に検証できるほど明確に表現された仮説をもつ研究（論文）はあまり多くない。

④ 研究仮説の設定

扱いたい研究テーマ＝現象がみつかったとして，研究仮説はどのように設定すべきなのだろうか。知覚や記憶など，実験心理学の分野であれば，これまでまったく研究されていない現象をみつける可能性はあまり高くない。過去の研究があれば，何よりまず，展望論文や個別の研究論文をたくさん読むことである。すでに出された仮説を出発点に，参考にしたり批判したりすればよい。

過去の研究論文がまったくみつからないのなら，まず手始めに，研究対象にしたい現象をはっきりさせる必要がある。人々の間で，それが具体的にどんな形で表われているのだろうか。前頁で述べた第一から第三の段階がまだ十分に行なわれていないのであれば，それらの段階をぜひ進めるべきである。また，その現象を実験の文脈において作り出すことが可能かどうかも検討する。

同時に，その現象を研究することで，自分はいったい何をいいたいのか・主張したいのか，何が問題なのか，何の問題が解決できるのか，何の役に立つのかを考えてみよう。研究を進めるには，十分な動機づけが必要だからである。

1 研究仮説の設定

現実的に、地道に、そして着実に

　仮説や理論といっても、現象全体を一気に説明するようなものばかりではない。科学は漸進的であり、理論が現象の一側面だけを取り扱うことも少なくない。一回で検証できることは限られている。理論上で多少の進歩・発展があれば、研究仮説は研究の規模に見合った「ささやかな」目標とするのがよい。

　さて、実際の例で考えてみよう。社会心理学的（教育心理学的でもある）に、たいへんに奇妙な現象がある。望ましい行動を教えたりしつけたりするとき、ガミガミと口やかましく厳しく指導するやり方である。ガミガミ言われる側はまちがいなく不愉快である。うれしいと思う者など皆無であろう。ところが、指導する側はほとんど、言われる側の気持ちがわかっていない。厳しくするのは本人のためだし、うまくいくと信じて疑わない。よく考えると変である。

　この現象を理解するには、なぜそういうやり方があるのか・発生したのか、そういうやり方になぜ人気があるのか（少なくとも、わが国で少なからぬ人がそうするのはなぜか）、うまくいくと信じているのはなぜか等々、たくさんのことを検討する必要がある。ひとつの研究ではとてもすべてに答えられない。

　そこでまず手始めに、ガミガミと口やかましく厳しく指導するやり方がほんとうによいのかどうかを調べることにしよう。それでもまだ、問題が大きすぎ漠然としている。そこで規則やルール、決まりごとを守らせることに特定する。そうする理由は、実験の中で（自発的に）規則やルールを守るかどうかは、他の行動よりも確認（観測して変数化）しやすいからである。規則やルールはまた、親や教師がガミガミと口やかましく厳しく指導するものの典型であり、そういう指導法がうまくいくかどうかは社会的にも重要だからである。

棄却可能な仮説

　問題をこのように設定したのはもちろん、ガミガミと口やかましく厳しく指導することには悪影響があり、逆効果になると考えられるからである。ここでとくに注意してほしいのは、「この指導法にはうまくいかない場合があり得る」などと言っているのではないことである。この指導法には「どんな場合でも」よい影響はないということを主張し、証明しようとしている。

11

科学については，どんなことでも説明でき，決して否定されないのがよい理論だという誤解がある。よい理論はしかし，どんな時にそれが誤りと判断できるのか，明確なものである。つまり棄却可能でなければならない。実験結果がどうであっても決して棄却されない理論は検証できない。適切に検証されるためには，仮説は明確に棄却可能でなければならないのである。また，棄却される可能性があるのだから，すべての理論はいつまでも仮説でしかない。

上記の「どんな場合でもよい影響はない」という主張が，研究仮説の一例である。これを言い換えれば，ガミガミと口やかましく厳しい指導法は，そうでないやり方よりも，他の条件が同等ならいつでも，劣るということである。このような主張は，それにうまく合致しない反例をみつけることにより，棄却可能である。ただし，論理学の命題ではなく実験検証の場合，主張に合わない結果が得られたからといって，ただちに仮説が全否定されてしまうわけではない。統計的手法を用いているから，偶然の結果という可能性も考慮する必要がある。

仮説と対立仮説

大多数の仮説は他の仮説と関連があり，研究仮説は通常，より一般的な仮説から導き出される。上記の研究仮説に関連した仮説は，認知的不協和理論に基づく禁じられたオモチャの実験（Aronson & Carlsmith, 1963；Freedman, 1965）から生まれた。実験結果は，厳しい禁止より，やさしい禁止のほうが効果があり永続的変化を生じることを示している。個人の行動について他者から強制されると，みずから行動し自律する内発的動機づけが失われてしまう。たとえ正当な規則でも，強制されることによって規則一般を守らなくなることが考えられるのである。これとは別に，本人の意志や考えに反して強制しようとすると逆効果になるという心理的反発の理論（Brehm, 1966）もある。これら2つをあわせて考えれば，問題にしている指導法には悪影響があることになる。

要因計画に基づく実験研究で適切に仮説検証を行なうためには，検証される仮説だけでなく対立する仮説も考慮に入れる必要がある。なぜなら，科学的な仮説の評価は比較であり，ある仮説ひとつが絶対的に正しいかどうかでなく，他とくらべ，あてはまりが相対的によいかを検討するのが仮説検証だからである。

対立仮説はまた，検証されている仮説が支持される場合と棄却される場合の

実験結果の境界をはっきりさせる。最終的な仮説2つが対立するとき，どのような結果が出ても，一方が選ばれ他方が捨てられて決着がつくよう計画されるのが決定的実験で，実験研究の理想である。決定的実験でなくても，理想に近づけるため実験計画を最初から練り直すには，対立仮説が必要になる。

対立仮説と似て非なる状況が，複数の可能性が提案されるがどれが最善か，データが得られるまでまったく見当がつかない場合である。研究初期の探索的な段階のもので，これを仮説検証的な，つまり最終段階の研究と混同してはならない。仮説が支持されるか「やってみなければわからない」からこそ実験するのだが，始める前に仮説と結果予測があるから検証できるのである。

上記の研究仮説に対立するのは，そんな指導法も「時には」効果的だという仮説である。関連する理論として，行動や経験・学習を重視し，規則を守る理由より「規則を守る行動」そのものが学習されるという考え方がある。極端にいえば，「どんな理不尽な規則でもよい。それを無理やりにでも守らせることで，規則を守る人間（生徒）をつくろう」とし，それが可能であり必要だと主張する。

研究仮説と対立仮説は，どちらが実験結果をよりうまく説明するだろうか。当然，実験結果をもとに，公平・公正に比較・検討しなくてはならないが，科学も人間の営為である以上，まったく公平にはなり得ない。仮説検証は一般に，研究仮説を否定するより支持する可能性が少しばかり高い。なぜなら，偶然あるいはまちがって仮説が支持されることがあっても問題にはならないが，もし支持されなければ，どんな研究者でも当然，何が問題なのか調べ，その問題を解決し，できればやや強引にでも，支持する結果を得ようとするからである。

5 独立変数と従属変数

研究計画をさらに進めよう。「特定の指導法に悪影響があるかどうか」であるから，指導法が原因で，悪影響が結果である。指導法も悪影響も抽象的な理論レベルでの概念で，これら概念間の因果関係が前提になっている。そして，具体的・観測可能な現象レベルにおいて，指導法に対応するのが独立変数であり，悪影響に対応するのが従属変数である。理論レベルでの因果関係に対応して，独立変数を操作して変えると従属変数がいっしょに共変するかどうか。独

第1部　要因計画法の理論

1章　研究計画の進め方1

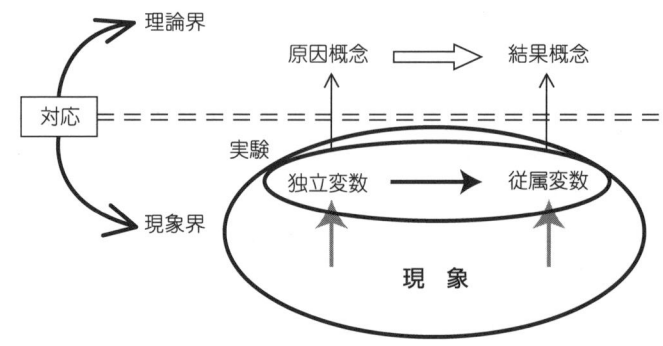

●図1-1　現象界と理論界

立変数として，「ガミガミと口やかましく厳しく」指示される実験群とそうでない統制群を作る。従属変数として，自発的にルールを守る行動を測定し，実験群と統制群に予測した形で違いが生じるかを調べる（図1-1参照）。

　実際には，男女大学生に「課題に対しての興味・関心が課題成績などに与える影響の研究」の実験に個人参加で協力してもらう。そのとき，課題を行なう机の正面に，「実験室はきれいにしましょう。整理整頓を心がけましょう」という大学名のポスターを掲示しておく。そして，数種類の実験課題を遂行してもらうが，課題教示用テープは2種類あり，その割り振りで独立変数を作る。どちらもまったく同じ課題を同じ時間配分で進めるが，実験群用は比較的命令口調で強制的であり，注意をくどくどとくり返す。統制群用テープは相対的に落ち着いた調子で，課題遂行に最低限必要な事項だけの指示を与える。

　このとき，独立変数の「値」は〈実験群〉か〈統制群〉となる。〈実験群〉だけでは当然，変数にならない。どの実験参加者（被験者）がどちらの値になるかは，ランダムな割り振りで決められる。これは要因計画法に絶対不可欠な手続きであり，必ずサイコロや乱数表を用い，あるいはコンピュータに乱数を発生させて，厳正に割り振り，各群ができるだけ同数になるようにする。

　実験参加者の個人差を性格特性尺度や態度尺度などで測定し，その結果で高群と低群などを作る場合，形のうえでは要因計画と同じになり，分散分析を用いることが可能で，実際よく用いられる。しかし実験参加者の割り振りがランダムではないのだから，これは要因計画ではない。このような個人差変数は厳

密な意味での独立変数にならず,研究の従属変数との因果関係は検討できない。それにもかかわらず,因果関係的な結論が出されることが多い。このような誤りを避けるため,分散分析を使わず,個人差変数と従属変数の相関分析を行なうことが望ましい。さらに,個人差変数を高群・低群などに分けるのは,間隔尺度を名義尺度に変換することであり,無用の手続きである。

実験の中で自発的に規則やルールを守ったかどうかを測定する従属変数には工夫が必要となる。たとえば,課題遂行に関連したルールに従うかどうかであれば,「自発的行動」の指標とはいえないし,実験群と統制群におそらく差はない。テープの強制的な指示が不愉快でも,実験の教示に従うのは当たり前だからである。そこでまず,実験室内に掲示するポスターにより,室内は整理整頓という「大学のルール」を顕在化する。そして,実験課題とは一見無関係な,大学のルールにそった行動を自発的にとるかどうかを従属変数とする。

従属変数は2つで,課題終了後,実験者が1分ほど部屋を出ている間に,

1) 課題で使った3色のペンをもとに戻すか
2) その他のもの(実験が始まるとき,所定の場所でない机の上に置かれたペン,ゴミ箱のそばに落ちているまるめた紙くずなど)をかたづけるか

であり,ごくふつうに扱われる統制群にくらべ,ガミガミと口やかましく厳しく指示される実験群において,これらの行動をとる参加者の数が少なくなるというのが,研究仮説から演繹された実験予測である。

⑥ 操作的定義

理論・仮説のもとになる構成概念は抽象的であり,直接観察したり測定したりできない。きちんと検証されるためには,仮説中の概念は十分に定義される必要がある。定義は言語的にも行なわれるが,実証研究において最も重要なのは,独立変数を設定し従属変数を測定する際に行なわれる操作的定義である。

実験群・統制群がどのように扱われ,従属変数としてどの指標がどう測定されるかで,仮説中の構成概念が操作的に定義され,変数と対応させられる。この定義をより妥当なものにする努力を続け,同時に実験計画の練り直しをくり返す。従属変数に生じる群差が最大になるように独立変数の「扱い方」を決め,

扱い方の違いの影響を最もうまく反映するような従属変数を求めるのである。

　研究の再現や追試にも操作的定義は不可欠であるが，一度用いられると後の研究を拘束して他の可能性を除外しがちで，測定の妥当性チェックも忘れられることが多い。たとえば，「知能」が「知能指数」によって説明され，それがさらに「特定の知能検査の結果」で操作的に定義されると，一般人だけでなく研究者でさえも，いつの間にか，知能＝数値になってしまう。尺度の翻訳は最初に発表された論文が最善でないことが少なくないが，引用も研究使用も最初の版が一番多い。実験課題であれば，創造性を測るとして，「親指課題」とよばれる，研究者自身の独創性を疑わせる課題がよく使われてきた。

　操作的定義は無数に可能で，唯一正しい，決定的なものはないから，多数の機会に多数の定義を工夫すべきである。再現実験においては，もとの実験でたまたま生じた問題がくり返されないよう，まったく同じ操作的定義でないほうがよい。少しずつずらした定義で，再現や追試を試みるのである。

7　実験の結果

厳しいことは少しもよいことではない

　本章で例にあげた研究計画は，実際に実験が行なわれた。その結果，実験群の31名中10名が課題に使用したペンをもとに戻したが，統制群の32名中25名にくらべ，有意に少なかった（$\chi^2(1)[N=63]=13.42$, $p < .001$）。その他のものをかたづけたのは前者が2名後者が9名で，これも有意だった（$\chi^2=5.13$, $p < .03$）。ガミガミと口やかましく厳しく指示すると，実験室をきれいにし整理整頓する行動が減ってしまう（黒沢，1997；実験者は大森ももさん）。校則などでうるさく指導すると，法律など，社会のルールを守らない傾向が出てくると考えられる。

8　要因計画法と分散分析

　本章で例示した研究では「自発的にルールに〈あわせた〉〈あわせなかった〉」という従属変数が用いられた。このように反応・行動の有無という変数の場合，または〈行動A〉〈行動B〉〈その他〉の選択肢のうち，どれを選択し

たかというようなカテゴリーの場合，χ^2（カイ2乗）分析が用いられる。

　この統計分析法をより一般的にしたものが分散分析である。分散分析を用いることで，仮説検証に即した形で，データの統計処理が適切に行なえることが要因計画法の最大の特色であり魅力である。本書の後半において，さまざまな分散分析モデルの適切な選択や，結果の正しい解釈をどのように行なうかを詳細に解説する。たとえば，本章の研究では独立変数がひとつの1要因計画であるが，心理学の実験では，2要因や3要因の実験計画が頻繁に使われている。

　分散分析に用いられる従属変数は，間隔尺度（あるいは比例尺度）で測定されていることが必要である。このような従属変数を分析するときには，まず最初に平均値と標準偏差を計算する。独立変数によって作られたいくつかの実験群別の平均値・標準偏差を計算して表を作り，グラフで結果を可視化する。このような作業を先行させるべきで，いきなり分散分析から始めるべきではない。

　分散分析は従属変数の分散（標準偏差の2乗）に注目する。独立変数の変化に対応する従属変数の分散を計算するのである。独立変数の効果が強いほど，対応部分（説明された分散）が従属変数の分散中に占める割合が大きい。多要因計画の場合，説明された分散はさらにそれぞれの変動因に分割される。

　変動因には主効果と交互作用効果がある。たとえば，独立変数AとBの2要因の場合，Aの主効果，Bの主効果，AとBの交互作用効果の3つの変動因がある。要因計画法では独立変数どうしが直交（相互に独立）するように設定される。たとえば，独立変数Aが3水準（実験条件が3つある）で，Bが2水準の場合，3×2の6実験群が作られ，各群の被験者数が同じならこの2つの独立変数は直交している。独立変数が直交している場合，実験計画がバランスしていて，従属変数の分散はすべての変動因に対し重複なしに分割・割り振りができる。これが，要因計画法が心理学で広く採用されている最大の理由である。

引用文献

Aronson, E. & Carlsmith, J. M. 1963 Effect of severity of threat in the devaluation of forbidden behavior. *Journal of Abnormal and Social Psychology*, **66**, 584–588.

Brehm, J. W. 1966 *A theory of psychological reactance*. New York : Academic Press.

Festinger, L. 1957 *A theory of cognitive dissonance*. Stanford, CA : Stanford University Press.

Freedman, J. 1965 Long-term behavioral effects of cognitive dissonance. *Journal of Experimental Social Psychology*, **1**, 145–155.

黒沢　香　1997　行動と規則の強制：規則を守らない人の作り方　日本心理学会第60回大会（立教大学）論文集　p.117.

2章 研究計画の進め方 2

① 剰余変数の統制と統制群

因果的な見方

　研究者は，ある変数と他の変数とがどのような関係にあるかを考え，仮説として設定し，それを実験や調査，観察等によって検証する。実験研究の場合は，変数間の関係を因果関係としてとらえることが多い。たとえば，研究者がある行動に興味や関心をもつと，その行動自体を詳しく調べるだけでなく，なぜそのような行動が生じたのだろうかと，その原因を考える。取り上げたい現象を原因と結果の系列という因果律の眼を通して見るのである。

　因果的に見ると，さまざまな刺激が原因となりさまざまな反応が生じる。無数の反応の中から，研究者は関心をもった反応を研究の対象として取り上げ，その反応の原因となった刺激を考える。反応と同様に刺激も無数にあるが，特定の反応の原因と考えられるものは，ある程度限定され，要因とよばれる。つまり，世の中にあるさまざまな刺激を，取り上げた現象に関係していると考えられるものと，そうでないものとに区別するのである。

剰余変数

　心理学の実験では，物理的，心理的な特性を要因と考え，それを実験者が組織的に操作する。具体的には，取り上げた要因を含む条件を設定して，各条件において適切な実験的手続きをとる。この際，要因の中で操作されるものは独立変数とよばれ，実験において測定される反応等は従属変数とよばれる。また，取り上げた現象に関係していると考えられるが，実験において操作されない要因は剰余変数とよばれる。

　一般に実験では，独立変数を操作し，それにともなう従属変数の変化を調べるが，この際，剰余変数を一定に保つ必要がある。というのは，実験変数の操作にともない剰余変数も変化してしまうと，剰余変数が従属変数に影響を及ぼした可能性が生じるからである。このように，独立変数の効果と剰余変数の効

1 剰余変数の統制と統制群

果が分離できないとき，変数が交絡しているという。逆にいえば，統制が厳密に行なわれるほど独立変数の影響のみが従属変数にあらわれ，2つの変数の関係が明確になる。

剰余変数の統制　剰余変数を統制する方法はさまざまであるが，まず，可能であればその要因を除去するか，その要因がない場所で行なう。たとえば，聴覚が関与する実験では防音室を使用することが望ましい。次に，除去できない剰余変数を一定の値に保つように努める。たとえば，室温，照明，教示の与え方，刺激の呈示のしかたなど，実験に関係する要因をできるだけ同じ条件にする。

被験者が複数の場合，性別，年齢，身長，知能，性格などさまざまな点で異なる。このような多くの被験者の特性の中で，結果に影響を及ぼすと考えられるものは，何らかの方法で統制しなくてはならない。たとえば，性により結果が異なると予想される場合は，各条件において男性と女性の数を同じにしたり，性別を実験の要因として取り上げ，その効果を調べる必要がある。

また，実験を行なうことによって生じる剰余変数もある。従属変数の測定をくり返し行なう実験では，反復による学習や疲労などが従属変数に影響を与えると考えられる。そこで，同一の被験者に複数の条件を実施する場合には，条件の試行順序を無作為に決めたり（ランダマイゼーション），各条件がすべての試行順序に当たるようにする（カウンターバランス）。たとえば，AとBという2つの条件があれば，AB，BAという2つの順序のそれぞれに同じ数の被験者を割り当てる。こうすることにより順序の効果を相殺することができる。

教示に関する留意点　人間を対象にした実験では，実験者が被験者に教示を与える。教示は実験についての説明であると同時に，さまざまな被験者要因を統制したり，実験条件の操作を行なう役割をもっている。被験者は教示に従って態度や構えを形成したり，思考や判断を行なったり，反応したりする。

そこで，教示の受け取り方が被験者によって異ならないように，教示はすべての被験者に容易に理解できるものでなければならない。また，実験者は実験のたびに同じ教示をくり返すことになるので，だんだんと雑にな

りがちであるが，常に教示を正確かつ丁寧に行なうように心がける必要がある。それと同時に，教示にたよりすぎると反応の統制が不十分になるので，実験装置や課題を工夫することにより，教示を簡単にしなくてはならない。

実験者効果　物質を対象にした実験と異なり，人間の心や行動を調べる実験では，実験者の意図や期待，態度等が実験の結果に影響を及ぼす場合がある。たとえば，被験者が仮説に合った反応を示した場合に，実験者が実験の目的や仮説を知っていると，知らず知らずのうちに声の調子や態度を変えてしまうことがある。そうすると，被験者の特定の反応を強化することになり，さらに，被験者も実験者の期待に応えるように反応しようとすると，結果が仮説の支持される方向にゆがむことになる。同様のことは，仮説を知っている者が被験者の反応や行動を評定する場合にも生じる可能性がある。

そこで，可能であれば，実験の仮説や被験者が割り当てられた条件を知らない者を実験者として用いるのが望ましい。また，被験者にも，全体でどのような条件があり，自分がどの条件に属しているかがわからないようにする。このように，実験者にも被験者にも実験の仮説や条件を知らせずに実施することを二重盲検法（double-blind procedure）という。

しかし現実には，別の実験者を用意することはむずかしいことが多い。そのような場合には，実験者は被験者の反応に一喜一憂せずに，常にポーカーフェイスをよそおうようにする。また，コンピュータ等の機器で教示や刺激の呈示を行ない，被験者との直接の接触を少なくすることにより，実験者効果を減らすこともできる。

以上のように，被験者に実験の仮説に関する情報を与えないようにしても，被験者には，実験の仮説を推測し，それに合った反応をしようとしたり，社会的に望ましい反応をしようとする傾向がある。そこで，実験場面が自然な現実感のある状況になるようにし，被験者に実験者の意図がわからないように工夫したり，場合によっては，倫理的な問題を考慮しながら，偽りの目的を被験者に教示することも検討する必要がある。

実験群と統制群

さて，心理学における実験では，調べたい要因に関して何らかの操作や処理を行なう実験群と，操作を受けないこと以外は実験群と同様に扱われる統制群を設けることが多い。統制群がないと，仮にある要因を操作することにより実験群の従属変数に変化が生じたとしても，他の要因によって生じた可能性も考えられるので，操作した要因だけの影響で従属変数の変化が生じたと結論づけることができない。

たとえば，ある種の病気にかかった人たちにある薬を長期間与えたら，大多数の人の病気が治ったとしよう。このような場合，ただちに，薬が効いたから治ったと考えるのではなく，それ以外の可能性も考える必要がある。もしかすると，薬を与えなくても時が経って自然に治ったのかもしれない。そこで，薬を与えない統制群を設ける必要がある。薬を与えた実験群では治るが，与えない統制群では治らないという結果が得られれば，薬が効いたから治ったという推論の正しさが高まる。

この実験結果により，薬の効果を信じる人もいるかもしれないが，結果を解釈する際には，できるだけ疑い深くなるほうがよい。もしかすると，治った人たちは薬を飲んだという暗示にかかり治ったのかもしれない。こう考えると，統制群では，薬を与えないのではなく，偽薬を与えたほうがよいことになる。

また，薬を与えられた実験群には，回復力の強い人が多かったのではないか，と考えることもできる。このような疑問に対して反論できるように，通常は，実験群と統制群ができるだけ等質になるように被験者を割り当てる。そのひとつの方法は，無作為化であり，乱数表などを用いて特定の人がどの群に入るかをランダムに決める。もうひとつの方法は，マッチングであり，同じような特性をもつ被験者の対を作り，一方の人を実験群に他方を統制群にランダムに割り当てる。

② 適切な推論

実験と分散分析の前提

さて，結果が得られたら，適切な分析をし，考察を行なうことになる。その前にもう一度，実験と分散分析の前提を確認しておくことにしよう。

実験が成立するためには，ある現象に関連する要因を分析し，最後に

は，それらを総合できるという前提がある。各要因が独立に作用しているならば，要因を一つひとつ取り上げてその影響を検討し，最後に全体としてまとめることが可能になる。しかし，複数の要因が相互に作用しているならば，相互に作用すると考えられる要因を同時に取り上げる実験計画をたてる必要がある。

さらに，実験結果の処理として分散分析などの統計的検定を行ない，実験を実施した標本から母集団の特性を推論するが，その際にもいくつかの前提を満たしていなくてはならない。たとえば，被験者間１要因計画では，各群の被験者（標本）は，母集団から無作為に抽出され，各群に無作為に割りつけられ，相互に独立であると仮定されている。また，各群の母集団は正規分布し分散は等しいと仮定されている。したがって，分散分析を実施する前に，このような前提が満たされているかを確認しておく必要がある。

帰無仮説 一般に研究の仮説では，取り上げた要因が従属変数に影響を及ぼしていると考えるが，統計的検定では，まず，要因の効果がないと考え，背理法的な推論を行なう。なぜならば，効果がある場合の確率を直接計算することはむずかしいが，効果がないと仮定した場合は，特定の結果が得られる確率を計算することが容易になるからである。

実際の計算では，分散分析という名前が示すように，従属変数（測定値）の分散を，要因や要因間の交互作用で説明できる分散とそれ以外の分散（誤差分散）に分解する。そして，ある要因の効果によって生じた分散の大きさが個人差や偶然による誤差分散の大きさと同じ程度であれば，その要因の効果がないと考え，誤差分散にくらべてある要因で説明できる分散が一定の比より大きい場合，その要因の効果があると考える。

具体的には，たとえば１要因３水準の実験計画では，各水準の母集団の平均がすべて等しいという仮説をたてる。これは研究の目的からは，棄却し，無に帰したい仮説であるので，帰無仮説とよばれる。それに対して，各水準の母集団の平均がすべて等しいとはいえないという仮説を対立仮説という。そして，F値を計算し，それと等しいかそれより大きい値が得られる確率（p値）をF分布より求める。

2 適切な推論

検定がおかす誤りの種類

　帰無仮説を棄却するか否かを決定する絶対的な基準はないが，心理学ではp値が5％または1％より小さい場合に帰無仮説を棄却することにしている。p値が小さい場合には，まれなことが起こったことになり，これは，偶然ではなく，要因の効果があったために起こったと考えられるからである。この帰無仮説を棄却する基準となる確率は有意水準とよばれている。また，有意水準に対応するF値は棄却値または臨界値とよばれ，F分布でこの値以上の領域は棄却域とよばれている。

　ここで注意しなければならないことは，5％という確率がいかに小さくても，やはり存在しているという点である。言い換えれば，帰無仮説が正しいにもかかわらず，それを棄却してしまう危険が5％はあることになる。このような意味から，有意水準のことを危険率ということもある。

　全体では，帰無仮説が本当は正しいか否か，帰無仮説を棄却するか否かの組み合わせにより，表2-1に示したように4通りの結果が得られる。そのうち，帰無仮説が真であるときにそれを棄却する誤りを第1種の誤り（この確率が有意水準），帰無仮説が偽であるときにそれを棄却せずに採択する誤りを第2種の誤りとよぶ。また，帰無仮説が偽であるときにそれを棄却する確率を検定力あるいは検出力とよんでいる。

　この分類からわかるように，帰無仮説を棄却することができず有意な差が認められなかったということは，必ずしも帰無仮説のように群間に差がないということを意味するわけではない。そこで，帰無仮説を棄却できないというひかえめな表現にとどめるか，あるいは，群に差がないということを積極的に主張したければ，第2種の誤りの確率が十分に小さいことを示す必要がある。

●表2-1　事実と帰無仮説の採否の組み合わせによって生じる結果

		事　実	
		帰無仮説が真	帰無仮説が偽
帰無仮説の採否	帰無仮説を棄却	第1種の誤り （確率は有意水準 α）	正しい棄却 （確率は検定力 $1-\beta$）
	帰無仮説を採択	正しい採択 （確率は $1-\alpha$）	第2種の誤り （確率は β）

結果の解釈と一般化

　さて，統計的検定が無事に終了したら，次は結果の解釈に移ることになる。まず最初に，実験で得られた結果は実験操作の反映であるとみしてよいか，別の要因でも同じ結果になる可能性がないか，を検討する。具体的には，実験操作が設定した通りに機能していたか，剰余変数の統制や従属変数の信頼性や妥当性に問題はなかったか等について考える。
　そして，あらゆる可能性を検討し，操作した要因の効果であることが明確になって初めて，その結果の一般化に進むことになる。
　統計的検定では，比較的小さな標本から母集団の特性を推測したが，結果の解釈にあたりもう一度，標本の背後にどのような母集団を想定していたのかを明確にし，標本は母集団から無作為に選ばれたのかを確認する必要がある。たとえば成人を母集団と考え，大学の授業で被験者を募集し，実験によって得られた結果を，再び成人に一般化したとする。この場合，母集団を同年代に限定しても，被験者になった人は，その中で特定の大学に進学した人であり，ある授業に興味をもち受講している人であり，さらに，自発的に実験に参加した人であるというように，無作為に抽出されたのではないことを自覚し，結果の一般化を慎重に行なう必要がある。
　また，日常や現実とは異なる実験室という状況での結果をどこまで一般化するかという問題もある。実験者効果のところで述べたように，実験室に被験者をよんだ時点で，日常にはないさまざまな要因が混入してくる。その一方で，実験室では剰余変数を統制するために，日常では存在しているはずの要因がないこともある。実験場面が日常生活場面と類似している程度のことを生態学的妥当性というが，2つの場面の類似点と差異点を考慮しながら，実験によって得られた結果を一般化しなくてはならない。
　さて，結果を考察する際には，これまで述べてきた点に注意すべきであるが，実際のところ，結果から何が引き出せるかは，すでに研究計画の段階でほとんど決まっている。したがって，しっかりと考察することも大切であるが，それ以上に，仮説を設定し実験計画を立てる際に熟考することが肝心である。また，検定を行ない有意であれば，結果を一般化したくなるが，一般化において重要なことは，その研究分野においてこれまでに蓄積された事実や知識の中に，今回の結果をどのように位置づけるかということである。

③ 研究の倫理

実験の計画と責任

　心理学の実験では，人間を対象に行なうために，実験に参加する個々の人間の尊厳と福利を守ることに十分な配慮をする必要がある。心理学という科学に貢献すると思われる研究であっても，その研究が倫理的に問題があると考えられる場合は，実施してはならず，別の実験計画や方法，手続きを選択する必要がある。

　実際に実験を行なう場合，実験を計画した者は，実験に関するすべてのことに責任をもたなければならない。また，実験者は身体的・精神的苦痛や危害から参加者（被験者）を守らなければならない。具体的には，以下のような点に留意する（詳しくはアメリカ心理学会の倫理綱領等を参照されたい）。

説明と同意

　実験者は参加者に，実験の内容に関して十分な説明をし，納得したうえでの同意を得る（インフォームド・コンセント）。この際，わかりやすいことばを使い研究の目的や手続きを説明する。また，参加を断ったり，いつでも参加を中断できる自由があることや，参加した場合に受ける不快感や悪影響について説明する。録画，録音等で参加者の記録をとるときには，記録する前に同意を得る。

欺瞞の使用とその説明

　心理学の実験では，実験者が実験の目的や性質について嘘をつくことがある。研究方法上から，やむをえず隠しごとをしたり，偽ったり，だましたりする場合は，次のような責任を負わねばならない。まず，その研究によって期待される学問的，教育的，応用的価値から考えて，欺瞞を用いることが正当であり，かつ，欺瞞を用いずにやれる方法が他にないと判断すること。実験後は，できるだけはやく，参加者に欺瞞が必要であった理由等について十分な説明を行なうこと。

第1部　要因計画法の理論

2章　研究計画の進め方2

情報の提供と秘密の保持

　研究が終了したら，研究の結果や結論を知る機会を参加者にできるだけすみやかに提供する必要がある。科学的，人道的立場からその説明を延期したり保留したりしたほうがよいと思われる場合には，そのことによる害や悪影響がなくなるように保障しなければならない。また，研究によって得られた参加者に関する情報は，参加者の同意を得ないかぎり秘密として保持しなければならない。

American Psychological Association　1992　*Ethical principles of psychologists and code of conduct*.　冨田正利・深澤道子（訳）　1996　サイコロジストのための倫理綱領および行動規範　社団法人日本心理学会

Barber, T. X.　1976　*Pitfalls in human research-Ten pivotal points*.　New York : Pergamon Press.　古崎　敬（監訳）　1980　人間科学の方法：研究・実験における10のピットフォール　サイエンス社

原岡一馬　1990　心理学研究の方法と問題　ナカニシヤ出版

池田　央　1971　行動科学の方法　東京大学出版会

Rosenthal, R. & Rosnow, R. L.　1975　*Primer of methods for the behavioral sciences*.　New York : John Wiley & Sons.　池田　央（訳）　1976　行動研究法入門：社会・心理科学への手引き　新曜社

Solso, R. L. & Johnson, H. H.　1989　*An introduction to experimental design in psychology-A case approach*. 4$_{th}$ ed. New York : Harper & Row.　浅井邦二（監）　安藤孝敏・河合美子・落合　勲（共訳）　1999　改訂心理学実験計画入門　学芸社発行／星雲社発売

橘　敏明　1986　医学・教育学・心理学にみられる統計的検定の誤用と弊害　医療図書出版社

利島　保・生和秀敏（編著）　1993　心理学のための実験マニュアル：入門から基礎・発展へ　北大路書房

コラム① 文献収集の方法

　研究テーマが決定したら，次に行なわなければならないのが文献収集である。先行研究ではどのようなことが行なわれ，どのような結果が得られているのかを調べることから，具体的な研究活動が始まっていると考えてよい。

　先行研究を調査することで，その領域では何を踏まえていなければならないかがわかるのである。それによって，自分の仮説をより具体的に絞り込むこともできるかもしれない。

　では，どのように文献を収集するのであろうか。図書館で闇雲に本を眺めても，時間がたつばかりである。ここでは，文献収集の具体的な方法をいくつか紹介する。

1. 図書館の電子データベース（**OPAC**）を利用する

　OPAC (Online Public Access Catalog) とは，コンピュータを使って検索する図書目録のことである。最近では，大きな図書館をもつ大学の多くが，自分の図書館にはどんな文献があるかという情報をインターネット上で公開している。つまり，大学の図書館まで出向いて調べなくても，まず自宅等でインターネットを通じて調べることができるわけである。

　OPAC は，「著者名」「書名」「出版社名」「出版年」「キーワード」などで検索ができるようになっているので，「キーワード」や「書名」に自分の研究テーマに関連する語を入力すれば，複数の本が検索できる。

2. 専門書・学術論文の引用文献を参照する

　自分がこれから行なおうとしている研究と近い（あるいは同じ）テーマを扱っている，学術論文や専門書の引用文献を参照するのもよい方法であろう。

　その際，注意しなければならないのは，できるだけ最新の論文や専門書を参照するということである。この方法を利用すると，複数の論文で引用されている文献，すなわちその研究テーマにとって重要な先行研究が何かがわかる。

3. **CD-ROM** のデータベースを利用する

　たとえば心理学の場合，PsycLit という文献データベースが CD-ROM の形で提供されている。このような CD-ROM のデータベースは高価なので，図書館や講座が購入していることがほとんどで，個人で購入することはまれのようである。

　自分が所属する大学の図書館等に，このようなデータベースがあるかどうかをまず確認し，利用するとよい。PsycLit のような文献データベースの情報は頻繁に更新されるので（年4回），これを利用すると，よりきめ細かい文献検索が可能となる。また，要約も収録されているので，検索した論文をコピーする前にその内容を知ることができる。

（藤田知加子）

コラム 2　実験・分散分析的研究者と調査・相関的研究者——研究スタイルの違い　(遠山孝司)

　今日，心理学の分野ではさまざまな方法を用いた研究が行なわれています。しかし現状では，これらの研究方法の中でも実験もしくは調査を用いた研究が大勢を占めているようです。

　実験研究の多くは，実験状況や被験者に与える刺激など，さまざまな条件を統制した実験を行ない，それらの要因による被験者の反応の違いから何らかの因果に関する仮説を検証します。研究仮説をたてる際には，先行研究において何が明らかにされているのか（いないのか）をまず調べます。そして，今回は何を明らかにするのか，そのためにはどのような要因計画で実験を行なえばよいのかを考えて実験計画を立てます。実験研究では刺激の選択や作成，条件の統制など，実際に実験を行なってデータを集めるまでの準備が大変です。ここまでの段階で不備があると，集めたデータ自体が無意味なものになってしまうからです。また，分析方法まで明確に計画したうえで実験を行なうため，データを収集した後に分析方法で迷うことはあまりありません。

　調査研究は，実験室という特殊な状況ではなく，日常生活に近い状態でデータを収集することができます。しかし，得られたデータが示すのはあくまでも相関関係に過ぎず，調査では因果を明確に示すことがむずかしいともいえます。調査研究者も文献等は読みますが，これは自分の扱いたいテーマが先行研究でどのように扱われてきたかを確認するためです。先行研究で何らかの知見が得られている場合は，その知見をもとにさらに研究を発展させていくことになるため，実験研究とほぼ同様の考え方で研究計画がたてられます。しかし，自分の扱いたいテーマを扱った研究が，それまでに行なわれていない場合は，とりあえず実態を知る，という目的で調査を行なうことがあります。また，大きな研究テーマは決まっていても具体的な研究仮説は曖昧であるという状態でもデータを集めることができるというのも，調査研究の特徴かもしれません。実験研究と異なり調査研究では，データを集めてから分析方法について考えることもあります。データの粗集計等を検討し，そのデータに対して最も適切な分析方法を用いるわけです。このような意味では，調査研究はデータを集めた後で考えるべきことの多い研究法であるといえるでしょう。

　研究の進め方はその研究を通じて何を明らかにしたいかによって，それぞれ異なります。しかし，研究の進め方と研究者の性格やタイプには何らかの関係があるように感じられます。緻密な論理展開で研究テーマを決定し，準備段階でしっかりと下準備を行なう実験研究者は概して，何事もきっちりと準備をしてからでないと動き出さない，論理的な話を好む人が多いようです。一方，日常生活の中で感じたふとした疑問などから生じた漠然とした研究テーマを扱う調査研究者には，自分の不思議だなと思うような感性を重視する人が多いようです。これはあくまでも主観的な見方かもしれませんが…。

第2部 要因計画法の手順

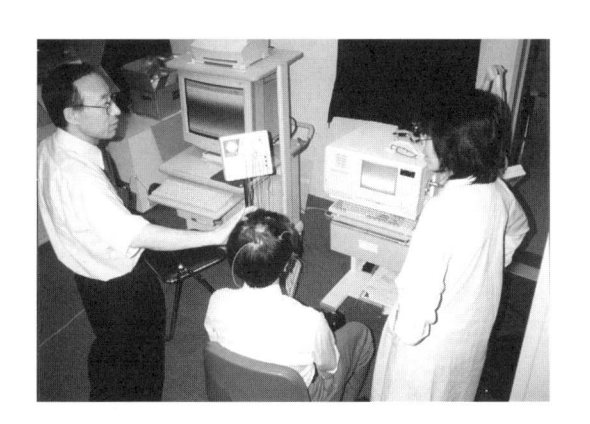

4つの章に，それぞれの分散分析モデルの説明と計算手順を示した。数字の苦手な人は，ひとまずは，その部分をとばしてもかまわないが，傾向検定の数値例については，日本の心理・教育統計書には，ほとんど解説されていないので，大学院生にとっても貴重な文献になるだろう。

第3章 被験者間1要因計画

◆基本例題◆

　生徒の学習形態の違いが，課題の達成に影響するかどうかを調べるため，あらかじめ学力の等しい生徒をランダムにわけて，3つのグループを構成した。グループ a_1 では一斉指導，グループ a_2 では体験学習，グループ a_3 では仲間による討議学習を行なった。授業終了後，課題の到達度テストを実施したところ次の得点が得られた。3つの学習形態の間に差はあるか。

●表3-1　学習形態の違いによる課題の達成度

要因 A_j	一斉指導	体験学習	討議学習		
被験者 i	5	8	7		
	4	4	6		
	6	3	8		
	3	3	9		
	3	7	10		
	7	9	9		
	6	8	8		
	5	7	9		
	3	3	7		
	5	4	8		
平均 ($\bar{T}_j$)	4.7	5.6	8.1		
合計 (T_j)	47	56	81	総合計 (G)	184
(T_j^2)	2209	3136	6561		
2乗和 ($\sum_i X_{ij}^2$)	239	366	669	$\sum_i \sum_j X_{ij}^2$	1274

1 被験者間1要因計画とは

　ここで測定された「テスト得点」のばらつきには，影響を与える種々の変動因が考えられるが，とくに取り上げたい原因（ここでは学習形態）を要因とよぶ。またその要因内の違い（条件）のことを水準とよぶ（ここでは一斉指導群，体験学習群，討議学習群）。

　実験計画法の中で最も簡単な実験の組み方として，一要因（one-way）の分

散分析がある。これは要因の数として取り上げるのは1つで，その他の要因は一定にし，取り上げた要因をいくつかの水準に分けて，その水準間に差がないかどうかを調べるものである。またおのおのの水準にはそれぞれ異なる被験者が配置されているため，このような場合を被験者間要因計画（between-subject design）という。

もしこの例の場合，実験誤差がまったく混入しておらず，学習形態の要因のみがテスト得点の変動因であるとすれば，a_1条件の測定値はすべて4.7，a_2条件は5.6，a_3条件は8.1になるはずである。ところが同一条件の中でも測定値にばらつきがみられるのは，生徒のもつ何らかの特性上の個人差，あるいは到達度テスト内容のかたよりや測定時期などの統制不可能な実験条件の変動が誤差として測定値に影響を与えたと考えられる。

このように測定値のばらつきは，実験要因（水準を変えたこと）による変動と，同一条件内（同じ水準内部）での変動とに分けることができる。前者を群間変動（SS_{treat}），後者を群内変動または誤差変動（SS_{error}）とよび，これらを合わせた全体のばらつきが全変動（SS_{total}）であり，次の等式が成立する。

$$SS_{total} = SS_{treat} + SS_{error}$$

ここで知りたいことは，学習形態によってテスト得点に差があるかということである。そのためには分解された3つのばらつきのうち「学習形態の差によるばらつき（群間変動）」の大きさが，「個人差や偶然に基づく誤差のばらつき（誤差変動）」にくらべて，非常に大きいかどうかを検討する必要がある。

以上のように，測定値全体のばらつきを，いくつかの原因に分析し，どの原因によるばらつきがとくに大きいかを知る方法が分散分析なのである。

② 測定値の構造モデル

要因が1つ（Aとする）の場合，A_jなる水準のもとで，i人目の測定値としてX_{ij}が得られたとすれば，次の表ができる（表3-2）。分散分析では測定値をマトリックス（行

●表3-2 平均値の差の検定に使う記号

被験者／水準	a_1	a_2	a_3	a_j	a_k
1	X_{11}	X_{12}	X_{13}	X_{1j}	X_{1k}
2	X_{21}	X_{22}	X_{23}	X_{2j}	X_{2k}
3	X_{31}	X_{32}	X_{33}	X_{3j}	X_{3k}
i	X_{i1}	X_{i2}	X_{i3}	X_{ij}	X_{ik}
n	X_{n1}	X_{n2}	X_{n3}	X_{nj}	X_{nk}
平均	$\bar{T}_{.1}$	$\bar{T}_{.2}$	$\bar{T}_{.3}$	$\bar{T}_{.j}$	$\bar{T}_{.k}$

列)として表わすことが多いので，この形式に慣れておくとよい。ここで，水準の数は k，被験者の数は各水準ごとに n である。

測定値を X_{ij} とおけば，この値は以下のような構造モデル（structural model）によって表現される。

$$X_{ij} = \mu + \tau_j + \varepsilon_{ij}$$

構造モデルとは，測定値の値を決めている要因，すなわち変動因の作用を足し算の形で表わした概念式のことである。μ は全体の母集団の平均値，τ_j はそれぞれの学習形態の作用（主効果）を，ε_{ij} は測定値 X_{ij} のもつ誤差を示している。誤差の中には要因として分離できない変動因すべてが含まれる。

この構造モデルでは，各測定値について次の条件が仮定される。
1) 各水準の分散が等しいものと仮定する（等分散の仮定）
2) 各水準は互いに独立であること（独立性の仮定）
3) 各水準内における分布型は正規分布に従うこと（正規性の仮定）

次にこのモデルをもとに，各条件の平均を $\overline{T}_j$，全体の平均を $\overline{G}$ で示せば，$\mu = \overline{G}$，$\tau_j = \overline{T}_j - \overline{G}$，$\varepsilon_{ij} = X_{ij} - \overline{T}_j$ に置換され，

$$X_{ij} = \overline{G} + (\overline{T}_j - \overline{G}) + (X_{ij} - \overline{T}_j)$$

の等式が成立する。右辺の第1項を左辺に移行し，両辺を2乗して，

$$(X_{ij} - \overline{G})^2 = (\overline{T}_j - \overline{G})^2 + (X_{ij} - \overline{T}_j)^2 + 2(\overline{T}_j - \overline{G})(X_{ij} - \overline{T}_j)$$

i と j についての総和を求めると，右辺第1項の $\sum$ は単純に加算されて n となり，また右辺第3項の $\sum_i (X_{ij} - \overline{T}_j)$ は平均からの偏差の和だから 0 となり，

$$\sum_i \sum_j (X_{ij} - \overline{G})^2 = n \sum_j (\overline{T}_j - \overline{G})^2 + \sum_i \sum_j (X_{ij} - \overline{T}_j)^2 + 2 \sum_j (\overline{T}_j - \overline{G}) \sum_i (X_{ij} - \overline{T}_j)$$

となる。したがって，右辺第1項は「学習形態」という要因Aの効果すなわち級間変動を表わす偏差平方和（SS_{treat}），第2項は「誤差」の変動すなわち級内変動を表わす偏差平方和（SS_{error}）であり，左辺は全体の変動とよばれる偏差平方和（SS_{total}）に分けられることがわかる。

$$SS_{\text{total}} = SS_{\text{treat}} + SS_{\text{error}}$$

一般的に分散分析表は，表3-3のようにまとめて表わすことができる。

以上の3つの平方和はいずれも適切な自由度で割ると，母分散 σ^2 の不偏推定値になることがわかる。自由度は，その値を計算するときに用いた「測定値

●表3-3　1要因（被験者間要因）の分散分析表

変動因	平方和（SS）	自由度（df）	平均平方（MS）	F
要因A	$n\sum(\bar{T}_j-\bar{G})^2$	$k-1$	SS_{treat}/df_{treat}	MS_{treat}/MS_{error}
誤差（error）	$\sum\sum(X_{ij}-\bar{T}_j)^2$	$k(n-1)$	SS_{error}/df_{error}	
全体（total）	$\sum\sum(X_{ij}-\bar{G})^2$	$kn-1$		

の数」－用いた「平均値の数」である。学習形態（A）については $df=k-1$，誤差については $df=k(n-1)$，全体については $df=kn-1$ である。

$$MS_{treat}=\frac{SS_{treat}}{k-1} \quad MS_{error}=\frac{SS_{error}}{k(n-1)}$$

このように平方和を自由度で割った不偏分散は平均平方（mean square）とよばれ，MS_{treat}（群間分散）を MS_{error}（群内分散）で割って，その比（F比とよぶ）が大きければ，水準間の平均値の差も大きいのではないか，つまり水準によって実験の効果が異なるのではないかと考えるのである。

③　検定統計量の計算過程

後の計算のために，表3-1から，各条件ごとの測定値の合計（T_j）とその総和（G），合計の2乗（T_j^2），さらに各条件ごとに測定値の2乗和を算出し，その2乗和の総和（$\sum\sum X_{ij}^2$）を計算しておくと便利である。ここでは，

$$G=47+56+81=184$$
$$\sum\sum X_{ij}^2=5^2+4^2+6^2+\cdots\cdots+9^2+7^2+8^2=1274$$

また，水準の数 $k=3$，被験者の数 $n=10$　である。

①修正項（K）を求める。

$$K=\frac{(\sum\sum X_{ij})^2}{\sum n_j}=\frac{G^2}{kn}=\frac{184^2}{3\times 10}=1128.53$$

②全体の平方和（SS_{total}）を計算する。

$$SS_{total}=\sum\sum(X_{ij}-\bar{G})^2=\sum\sum X_{ij}^2-K=1274-1128.53=145.47$$

③要因Aの効果の平方和（SS_{treat}）を計算する。

$$SS_{treat}=n_j\sum(\bar{T}_j-\bar{G})^2=n_j\sum\bar{X}_j^2-K=\sum\frac{T_j^2}{n_j}-K$$
$$=\frac{47^2}{10}+\frac{56^2}{10}+\frac{81^2}{10}-1128.53=1190.6-1128.53=62.07$$

④誤差の平方和（SS_{error}）を求める。

$$SS_{error} = SS_{total} - SS_{treat} = 145.47 - 62.07 = 83.4$$

⑤自由度（df）を求める。

群間の自由度（df_{treat}）は，$k-1=3-1=2$

群内の自由度（df_{error}）は，$\sum(n_j-1)$ すなわち $\sum n_j - k$ であるが，各群の被験者数が等しければ，$k(n-1)=3(10-1)=27$

参考までに，全体の自由度（df_{total}）は，$\sum n_j - 1$ であるから，$kn-1=3\times10-1=29$ である。

⑥③から⑤を用いて，各変動因の平均平方（MS_{treat}, MS_{error}）を計算し，F値を求める。

$$MS_{treat} = \frac{SS_{treat}}{df_{treat}} = \frac{62.07}{2} = 31.03, \quad MS_{error} = \frac{SS_{error}}{df_{error}} = \frac{83.4}{27} = 3.08$$

$$F = \frac{MS_{treat}}{MS_{error}} = \frac{31.03}{3.08} = 10.04$$

⑦分散分析表を完成させ（表3-3），有意性を検討する。

F値の分子の自由度は2で分母の自由度は27であるため，巻末の付表2-Cより，有意水準1％の臨界値は5.49である。ここで計算されたF値$=10.04$で，これより大きいため（$p<.01$），帰無仮説は有意水準1％で棄却される。したがって各群の平均値に「有意な」差異が認められた（$F(2,27)=10.04$, $p<.01$）と判断でき，学習形態によって生徒のテスト得点が異なるといえる。

④ 多重比較

以上のように，分散の大きさから水準jの母平均 μ_j が等しいかどうかを検定した結果，

　　帰無仮説　$H_0: \mu_1 = \mu_2 = \cdots\cdots = \mu_k$ が捨てられて，
　　対立仮説　$H_1: (\mu_1 = \mu_2 = \cdots\cdots = \mu_k)'$ すべて等しいわけではない，

を採択したとしても，どの水準間で母平均に差があるのかがわからない。そこで3つ以上の平均値の有意差検定を行なうときは多重比較（multiple comparison）を用いる。

通常どの平均値とどの平均値の間に差があるか明らかにするためには，検定

を何度かくり返さなければならない。1回の検定では第1種の誤りをおかす確率を，一定以下にコントロールするよう有意水準が5％などに設定されているが，検定の回数が増すごとに比較全体において少なくとも1回以上第1種の誤りをおかす確率は，5％以上と予想される。したがって何度かの検定をセットにして，比較全体における誤りをコントロールするための方法が多重比較である。

多重比較の方法　さまざまな方法が考えられており，平均値の差について仮説があらかじめ設けられているか否か，平均値の一対比較かそれ以外か，有意水準を設定する基準をどのように考えるか，などの観点によって，適用される多重比較法が異なってくる。

‖フィッシャー(Fisher)の *LSD* 法‖

本質的には，2つずつの平均値を比較するスチューデントの t 検定である。心理学においては，個々の比較における有意水準を設定して，すべての平均値の組み合わせの一対比較を行なうことが多い。平均値を $\overline{T}_j$，平均ごとのデータ数を n_j，誤差の平均平方を MS_error とすると，平均 $\overline{T}_1$ と $\overline{T}_2$ を検定する場合は次の式によって t 値を算出し，t 分布表における該当する有意水準，自由度の臨界値と比較することになる。

$$t = \frac{\overline{T}_1 - \overline{T}_2}{\sqrt{MS_\text{error}\left(\frac{1}{n_1} + \frac{1}{n_2}\right)}}$$

ただし処理水準のデータ数が等しい場合には，次の式によって平均値の差について有意水準をクリアする最小の差の値（*LSD*）を算出するほうが容易である。$t_{\alpha, df}$ は，自由度 df において両側確率が α となる t の臨界値である。

$$LSD = t_{\alpha, df} \sqrt{\frac{2MS_\text{error}}{n}}$$

各平均値の差の絶対値が，*LSD* 値より大きければ有意差があるといえる。

この検定方法は，検定力が高く有意差が出やすいが，分散分析の F 値が有意になった場合のみ，その事後処理として使用できる。全体として有意な結果が出たとしても，一対ごとに検定をくり返すことによって第1種の誤りをコントロールできないといった問題を含んでいるものである。

‖テューキー（Tukey）の *HSD* 法‖

　平均値の範囲（最大値－最小値）の期待値は標本の大きさが大きいほど大になる。よって検定する平均値の数が多いほど，2つのサンプルの母平均の差を検定するために用いられる t の分布を利用することには疑問が残る。そこで以下のようなスチューデント化された範囲（q）を用いる方法がいくつか考えられており，そのひとつにテューキーの HSD 法がある。

$$q = \frac{\overline{T}_{\max} - \overline{T}_{\min}}{\sqrt{MS_{\text{error}}/n}}$$

q の臨界値は，比較する平均値の数（k）によっても規定されるようになっている。t の分布を個別に求めるのとは異なり，q の分布ではすべての平均値のペアの最大値が考慮されているため，第1種の誤りをする確率はコントロールされている。

　実際には，下の式において平均値の差の臨界値（HSD）を算出し，比較する平均値の差の絶対値より大きいか小さいかを判定すればよい。

$$HSD = q_{\alpha, k, df} \sqrt{\frac{MS_{\text{error}}}{n}} \quad\quad\quad （式 3\text{-}1）$$

検定手続きが簡易であり，また第1種の誤りに厳密であるために，検定力は低くなるが，一対比較を対象とする場合には最も適切な方法であると考えられる。

‖シェフェ（Scheffé）法‖

　2つの平均値の一対比較（$\overline{T}_1 - \overline{T}_2$）だけでなく，各水準の性質や条件によっては，2つ以上の平均値をまとめた比較，たとえば $\overline{T} - (\overline{T}_2 + \overline{T}_3 + \overline{T}_4)/3$ や $(\overline{T}_1 + \overline{T}_2)/2 - (\overline{T}_3 + \overline{T}_4)/2$ などの，一次比較（対比）を行ないたいとき，適しているのがシェフェ法である。一次比較では母平均を μ_j，各比較における平均値の重み係数を c_j とすると次の等式で示される関数（θ）を構成したといえる。

$$\theta = c_1 \mu_1 + c_2 \mu_2 + \cdots\cdots + c_k \mu_k \quad\quad\quad （式 3\text{-}2）$$

ただし，$\sum_{j}^{k} c_j = 0$ とする。

　つぎの式（3-3）にしたがって，算出された F 値が，次式（3-4）の臨界値 F' より大きければ比較は有意であるといえる。

$$F = \frac{(\sum C_j T_j)^2}{MS_{\text{error}} \sum \frac{C_j^2}{n_j}} \quad \text{(式 3-3)}$$

$$F' = (m-1) F_{\alpha, k-1, df} \quad \text{(式 3-4)}$$

第1種の誤りはすべての比較にたいしてコントロールしているが，検定力はテューキーの HSD 法よりも低くなるため，一対比較のみに対してはあまり適さない。

計算手順

ここでは，総合的に考えて，テューキーの HSD 法による多重比較を行なう。表3-1の測定値に基づくと，有意水準5％の場合，比較する平均値の数 $k=3$，誤差項の自由度 $df=27$，誤差項の平均平方 $MS_{\text{error}}=3.08$，$n=10$ であるから，これらを（式3-1）に代入することによって，HSD を算出する。

巻末の付表3-A より，$q_{0.05,3,27}=3.506$ であるから，

$$HSD = q_{\alpha,k,df} \sqrt{\frac{MS_{\text{error}}}{n}} = q_{0.05,3,27} \sqrt{\frac{3.08}{10}} = 3.506 \times 0.55 = 1.928$$

$|\bar{T}_1 - \bar{T}_2| = |4.7 - 5.6| = 0.9 \quad < HSD \quad$ 有意差なし (n.s.)

$|\bar{T}_1 - \bar{T}_3| = |4.7 - 8.1| = 3.4 \quad > HSD \quad$ 有意差あり ($p < .05$)

$|\bar{T}_2 - \bar{T}_3| = |5.6 - 8.1| = 2.5 \quad > HSD \quad$ 有意差あり ($p < .05$)

なお，平均値ごとのデータ数 n_j が異なる場合は，すべての平均値の調和平均を近似的に用いる。

$$n_j = \left(\frac{1}{k} \sum_j \frac{1}{n_j} \right)^{-1}$$

演習問題

3泊4日の野外キャンプに参加した生徒たちを，学校適応度に応じて，健常児群，非行傾向群，怠学傾向群，不登校傾向群，の4群に分けた。キャンプ終了後，生徒たちがキャンプ中に新しくできた友人の数について調査を行なったところ，以下のような結果を得た。各群間に差があるか検定せよ。

第2部　要因計画法の手順

3章　被験者間1要因計画

4群の友人の数

健常児群	非行傾向群	怠学傾向群	不登校群
3	3	2	0
4	4	1	2
6	3	0	0
2	2	3	1
2	0	0	0
4			

参考文献

服部　環・海保博之　1996　心理データ解析　福村出版
岩原信九郎　1982　教育と心理のための推計学（新訂版）　日本文化科学社
森　敏昭・吉田寿夫（編著）　1994　心理学のためのデータ解析テクニカルブック　北大路書房
繁桝算男・柳井晴夫・森　敏昭（編著）　1999　Q＆Aで知る統計データ解析　サイエンス社

演習問題の解答

分散分析表は次の通りである。

変動因	平方和（SS）	自由度（df）	平均平方（MS）	F	p
要因A（適応度）	24.90	3	8.30	4.60	$<.05$
誤　差（error）	28.90	16	1.81		
全　体（total）	53.80	19			

$F(3,16)=4.60$, $p<.05$ で有意差があり，学校適応度によって友だちの数が異なるといえる。

下位検定の結果，$HSD=2.47$ であり，

$|\overline{T}_1-\overline{T}_2|=1.1$ n.s.　　$|\overline{T}_2-\overline{T}_3|=0.9$ n.s.

$|\overline{T}_1-\overline{T}_3|=2.0$ n.s.　　$|\overline{T}_2-\overline{T}_4|=1.8$ n.s.

$|\overline{T}_1-\overline{T}_4|=2.9$ ＞HSD　$|\overline{T}_3-\overline{T}_4|=0.9$ n.s.

健常児群と不登校傾向群の間にのみ，友人の数に有意な差がみられる。

コラム❸ 日常生活での分散分析—原因帰属の分散分析モデル

簡単にいえば，分散分析とは結果の数字のばらつき，つまり，データの変動の原因がどこにあるかを特定する手続きのことである。変動の原因は，独立変数の操作によるものとその被験者個人に由来する誤差の2つに大きく分けられる。分散分析の結果が有意になったというのは，前者が後者にくらべて相当に大きかったということである。これは，独立変数が2つ3つあっても同じである。

実は人はこの分散分析と同じような手続きを普段から何気なく行なっている。

人はふつう，何かが起こるとその原因は何にあったのかを考えるものである。そのような原因を追求するはたらきを原因帰属（causal attribution）という。ケリー（H.H.Kelley）によると，人は何か原因を探すとき3つの独立変数（つまり，原因）を想定するという。①実態，②時・様態，③人である。

たとえば，ある日，X君はAというテレビ・ドラマを見ていて大変な感動を覚えた。「なぜ，私はこんなにも感動したのだろうか？」。こうして原因帰属が始まる。仮にこの感動の程度を100だったとしよう。話は前後するが，③人から考えてみる。もし，X君でなく別の人だったら？　「きっとY君だって，98くらいは感動するはずだし，Z君でも100くらい感動する」となると，この人という独立変数の結果は変動が少なくなる。分散は大きくならず，有意な主効果はもたらされないだろう。つまり，人という独立変数は原因ではない。次に，②時・様態ではどうだろうか。この日，X君は寝そべってテレビを見ていて100の感動を得た。「正座して見ていたら，105は感動しただろう。友だちの家のテレビで見たとしてもやはり99くらいは感動したはずだ」となると，この独立変数のデータの分散も大きくはならず，有意ではない。この時・様態は原因ではない。最後に，①実態である。「もしAというドラマでなくBというドラマなら70しか感動しないだろう。さらにCやDなどのドラマにいたっては，感動は40か50どまりだ」。

つまり，この実態という独立変数の操作に由来するデータからはかなり大きなばらつきが得られる。分散は大きくなる。データとして出てくる数字のばらつきから誤差を除いた大部分は，この原因から説明できそうである。そこでこの感動の原因はこのドラマそのもの，すなわち実態にあるという結論にいたる。

もちろん，人は上に述べたような計算をいちいち行なっているわけではないが，原因を推測するとき，このような手続きを直感的に行なっているという仮説は納得できなくもない。ケリーはこの仮説を，原因帰属の分散分析モデルと名づけた。

（大芦　治）

■ 参考文献 ■
蘭　千壽・外山みどり（編）　1991　帰属過程の心理学　ナカニシヤ出版

第4章 被験者内1要因計画

◆基本例題◆

図4-1に示すようなミューラー・リヤーの錯視図で，矢印の間の角度の違いが錯視量に及ぼす影響をみるための実験を行なった。設けた条件は，30度，60度，90度，120度の4つで，10名の被験者がくり返し4つの条件の試行を行なった。実験では，被験者がAとBの中央の線分が等しいと判断した際の，両線分の実際の長さが測定された。表4-1には，その長さの差が，mm単位で示してある。

角度によって錯視量に差があるかどうか，差があるとすればどこにあるかを統計的に検定せよ。

●表4-1　認識されたAとBの中央の線分の長さの差（mm）

被験者	角度				合計 (P_i)	合計の2乗 (P_i^2)	平均 ($\bar{P}_i$)
	30°	60°	90°	120°			
1	42	39	36	34	151	22801	37.75
2	22	17	15	8	62	3844	15.50
3	35	32	25	25	117	13689	29.25
4	34	30	22	20	106	11236	26.50
5	40	33	28	23	124	15376	31.00
6	34	30	23	28	115	13225	28.75
7	25	15	15	13	68	4624	17.00
8	18	11	15	19	63	3969	15.75
9	38	36	31	29	134	17956	33.50
10	21	14	15	10	60	3600	15.00
合計 (T_j)	309	257	225	209	$\sum_i \sum_j X_{ij} = G = 1000$ ①	$\sum_i P_i^2 = 110320$ ④	
合計の2乗 (T_j^2)	95481	66049	50625	43681	$\sum_j T_j^2 = 255836$ ③	$\sum_i \sum_j X_{ij}^2 = 28388$ ②	
平均 ($\bar{T}_j$)	30.9	25.7	22.5	20.9			
標準偏差	8.63	10.31	7.58	8.57			

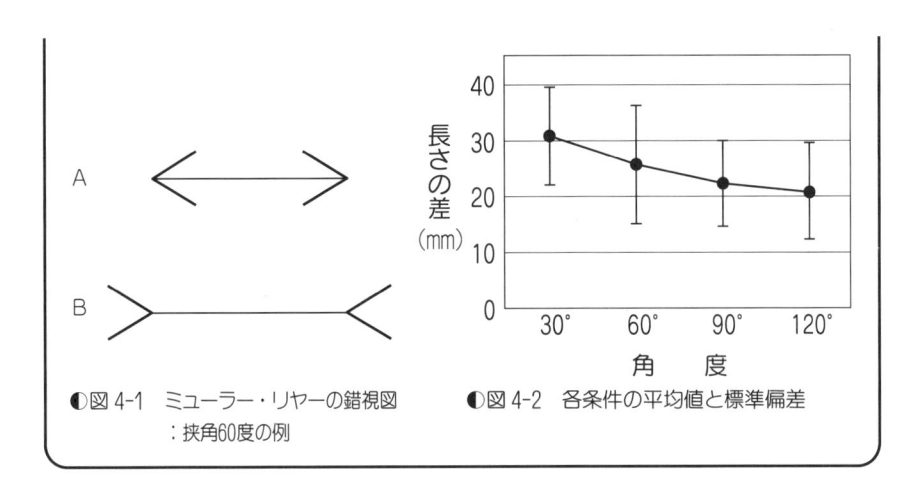

○図 4-1　ミューラー・リヤーの錯視図
　　　　：挟角60度の例

○図 4-2　各条件の平均値と標準偏差

1　被験者内1要因計画とは

　基本例題では，角度という要因のすべての条件（水準）に同じ被験者が割り当てられている。このように，同じ被験者を各条件にくり返し割り当てる方法を，被験者内計画（within-subject design），あるいは，くり返しのある要因計画（repeated-measures design）という。基本例題では，そのくり返し要因が1つの角度である。したがって，被験者内1要因計画（one-way within-subject design）ということになる。

　基本例題で測定した錯視量のような測度は個人差がきわめて大きい。したがって条件ごとに被験者を変えて測定したのでは，たとえ測定値に差が出ても，それが個人差のために生じたのか条件の効果のために生じたのかわからない。

　このように個人差が大きいと予想される場合には，同じ被験者を各条件にくり返し割り当てる被験者内計画を用いる。被験者内計画ならば条件の効果と個人差を別個に検出できるからである。

　実際，個人差が大きいと予想されることは，心理学の実験ではよくあることである。たとえば，何種類かの教授法の効果を比較しようとする学習実験のような場合，3章の被験者間1要因計画のように被験者をまったく無作為に選んで各教授法に割り当てたのでは，出てきた成績差が本当に教授法の効果のため

に生じたものなのか，はたまた，もともとあった被験者の能力の個人差のために生じたものなのか，わからなくなってしまう。また，何種類かの偽薬の心理的影響を見ようとするような生理心理学的研究の場合も，人によって影響されやすさが異なるために，偽薬ごとに別の被験者を用いるわけにはいかない。

そこで，心理学ではよく，被験者内計画が用いられる。

② 被験者内1要因分散分析

原理 I君は，いくつかの指導法の中の，Jという指導法で学習指導を受けた。その結果，I君は標準学力テストで80点をとることができた。このテストの平均点は50点である。すると，I君が平均点より30点もよい成績をとれたのは，Jという指導法のおかげでもあり，また，I君自身の能力のおかげでもある。また，テストでは，偶然正解したりまちがえたりする可能性もある。したがって，

$$\text{I君の得点80点} = \text{平均の50点} + \text{指導法Jの効果} + \text{I君の個人差} + \text{偶然誤差}$$

ということになる。

これを一般的な構造モデルにすると，次のようになる。要因Aの第j水準（$j=1, 2, \cdots, k$）の条件下での，i番目（$i=1, 2, \cdots, n$）の被験者の測定値 X_{ij} は，

$$X_{ij} = \mu + \tau_j + \pi_i + \varepsilon_{ij} \tag{式4-1}$$

ただし，
- μ：母平均
- τ_j：条件j（処理j）の効果（$=\mu_{\cdot j}-\mu$）
- π_i：被験者iの個人差（$=\mu_{i\cdot}-\mu$）
- ε_{ij}：この条件下でのこの被験者の誤差（残差）

というモデルで表わすことができる。ただし，この場合の誤差は条件間で独立で，しかも，分散（σ_ε^2）が等しく，0を中心として正規分布していると仮定する。

このモデルをよく理解しておけば，次の，分散分析のための平均平方（MS）の算出式を導く手順が，容易に理解できる。

まず，（式4-1）の μ を $\overline{G}$（標本平均），$\tau_j(=\mu_{\cdot j}-\mu)$ を $\overline{T}_j-\overline{G}$，$\pi_i(=\mu_{i\cdot}-\mu)$ を $\overline{P}_i-\overline{G}$，に置き換え，標本式にする。すると，

② 被験者内1要因分散分析

$$X_{ij} = \bar{G} + (\bar{T}_j - \bar{G}) + (\bar{P}_i - \bar{G}) + (X_{ij} - \bar{T}_j - \bar{P}_i + \bar{G})$$

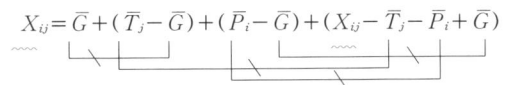

となり，この右辺の第1項の $\bar{G}$ を左辺に移項すると，

$$X_{ij} - \bar{G} = (\bar{T}_j - \bar{G}) + (\bar{P}_i - \bar{G}) + (X_{ij} - \bar{T}_j - \bar{P}_i + \bar{G}) \quad (式4\text{-}2)$$

というように，個々の値の全体平均からの偏差が，条件平均の全体平均からの偏差，個人平均の全体平均からの偏差，そして，誤差（残差）に分解された形となる。被験者内1要因計画の誤差が残差ともよばれるのは，このように，誤差がそれ以外の偏差を差し引きした残りだからである。

次に，（式4-2）を全標本値にあてはめた場合の4つの偏差の大きさを比較する準備をするが，偏差の和は常に0になってしまうため平均は用いることができない。よって，分散を求める場合と同様，2乗和を用いる。両辺を2乗すると，

$$\sum_i \sum_j (X_{ij} - \bar{G})^2 = \sum_i \sum_j \{(\bar{T}_j - \bar{G}) + (\bar{P}_i - \bar{G}) + (X_{ij} - \bar{T}_j - \bar{P}_i + \bar{G})\}^2$$

$$= \sum_i \sum_j (\bar{T}_j - \bar{G})^2 + \sum_i \sum_j (\bar{P}_i - \bar{G})^2 + \sum_i \sum_j (X_{ij} - \bar{T}_j - \bar{P}_i + \bar{G})^2$$

$$+ 2\sum_i \sum_j (\bar{T}_j - \bar{G})(\bar{P}_i - \bar{G}) + 2\sum_i \sum_j (\bar{T}_j - \bar{G})(X_{ij} - \bar{T}_j - \bar{P}_i + \bar{G})$$

$$+ 2\sum_i \sum_j (\bar{P}_i - \bar{G})(X_{ij} - \bar{T}_j - \bar{P}_i + \bar{G}) \quad (式4\text{-}3)$$

となる。この右辺の第1項の $\sum_i \sum_j (\bar{T}_j - \bar{G})^2$ の $\sum_i$ や第2項の $\sum_i \sum_j (\bar{P}_i - \bar{G})^2$ の $\sum_j$ は計算に関係がないので，おのおの単に n 回と k 回足される。また，第4項以降は，$\sum_j (\bar{T}_j - \bar{G})$ や $\sum_i (\bar{P}_i - \bar{G})$ が0になるので，皆0となる。よって（式4-3）は，単に

$$\sum_i \sum_j (X_{ij} - \bar{G})^2 = n\sum_j (\bar{T}_j - \bar{G})^2 + k\sum_i (\bar{P}_i - \bar{G})^2 + \sum_i \sum_j (X_{ij} - \bar{T}_j - \bar{P}_i + \bar{G})^2 \quad (式4\text{-}4)$$

つまり，

$$SS_{\text{total}} = SS_{\text{treat}} + SS_{\text{b.people}} + SS_{\text{residual}} \quad (式4\text{-}5)$$

となり，

全体の変動＝条件の効果による変動＋個人差による変動＋誤差による変動

というように平方和が分解されていることがわかる。

次に，右辺の平方和をおのおのの自由度（$df_{\text{treat}} = k-1$, $df_{\text{b.people}} = n-1$, $df_{\text{res}} = (k-1)(n-1)$）で割ると，条件の効果の分散，個人差の分散，誤差の

分散である平均平方,

$$MS_\text{treat}=\frac{SS_\text{treat}}{k-1}, \quad MS_\text{b.people}=\frac{SS_\text{b.people}}{n-1}, \quad MS_\text{res}=\frac{SS_\text{res}}{(k-1)(n-1)} \qquad (式4\text{-}6)$$

が求められ，これらの期待値は，

$$E(MS_\text{treat})=\sigma_\varepsilon^2+\frac{n\sum_j \tau_j^2}{k-1}, \quad E(MS_\text{b.people})=\sigma_\varepsilon^2+k\sigma_\pi^2, \quad E(MS_\text{res})=\sigma_\varepsilon^2$$

となる。

　したがって，もしも条件の効果についての帰無仮説，

$$H_0: \tau_j=0 \ (j=1, \ 2, \ \cdots, \ k)$$

が正しければ，MS_treat も MS_res も，その期待値（理論的平均値）が母集団の誤差分散と一致する。つまり，母集団の誤差分散の不偏推定値 σ_ε^2 となるため，

$$F_\text{treat}=\frac{MS_\text{treat}}{MS_\text{res}} \qquad (式4\text{-}7)$$

は自由度 $k-1, (k-1)(n-1)$ の F 分布に従う。

　そして，もしも個人差についての帰無仮説，

$$H_0: \sigma_\pi^2=0$$

が正しければ，$MS_\text{b.people}$ も MS_res と同じ，母集団の誤差分散の不偏推定値 σ_ε^2 となり，

$$F_\text{b.people}=\frac{MS_\text{b.people}}{MS_\text{res}} \qquad (式4\text{-}8)$$

は自由度 $n-1, \ (k-1)(n-1)$ の F 分布に従う。

　よって，条件の効果の帰無仮説が棄却されるか否かは（式 4-7）を巻末の付表 2 の特定の有意水準の $F(k-1, \ (k-1)(n-1))$ の臨界値と比較することで検定することができ，個人差の帰無仮説が棄却されるか否かも（式 4-8）を巻末の付表 2 の特定の有意水準の $F(n-1, \ (k-1)(n-1))$ の臨界値と比較することで検定することができる。

計算手順

　平方和のもとの計算式については，適宜（式 4-4）を参照すること。また，計算の前に，表 4-1 に示した通りに，合計や平均（標準偏差）などの値を求めておくと，以下の計算やグラフ化がしやすい。

① 修正項 K を計算する。

　分散の簡易計算式（鎌原ら，1998）の分子が，

$$\sum(X-\bar{X})^2 = \sum X^2 - N\bar{X}^2 = \sum X^2 - \frac{(\sum X)^2}{N}$$

となることからわかるように，（式4-4）の1）全体，2）条件，3）個人，の平方和の計算では，それぞれ1）個々の値，2）条件平均，3）個人平均，の2乗和から引かれる右項の値は，みな同じになる。そこでまず，この右項を修正項 K とし，これを計算しておく。

水準数は $k=4$，被験者数は $n=10$（$N=kn$）であるから，表4-1の①を用いて，

$$K = \frac{\left(\sum_i \sum_j X_{ij}\right)^2}{kn} = \frac{G^2}{kn}$$
$$= \frac{(42+39+36+\cdots+14+15+10)^2}{4\times 10}$$
$$= \frac{1000^2}{4\times 10} = 25000.00$$

② 全体の平方和，SS_{total} を求める。表4-1の②を用いて，

$$SS_{\text{total}} = \sum_i \sum_j (X_{ij} - \bar{G})^2 = \sum_i \sum_j X_{ij}^2 - K$$
$$= (42^2 + 39^2 + 36^2 + \cdots + 14^2 + 15^2 + 10^2) - 25000.00$$
$$= 28388.00 - 25000.00 = 3388.00$$

③ 条件の平方和，SS_{treat} を求める。表4-1の③を用いて，

$$SS_{\text{treat}} = n\sum_j (\bar{T}_j - \bar{G})^2 = n\sum_j \bar{T}_j^2 - K = n\sum_j \left(\frac{T_j}{n}\right)^2 - K = \frac{\sum_j T_j^2}{n} - K$$
$$= \frac{95481 + 66049 + 50625 + 43681}{10} - 25000.00$$
$$= \frac{255836}{10} - 25000.00 = 583.60$$

④ 個人の平方和，$SS_{\text{b.people}}$ を求める。表4-1の④を用いて，

$$SS_{\text{b.people}} = k\sum_i (\bar{P}_i - \bar{G})^2 = k\sum_i \bar{P}_i^2 - K = k\sum_i \left(\frac{P_i}{k}\right)^2 - K = \frac{\sum_i P_i^2}{k} - K$$
$$= \frac{22801 + 3844 + 13689 + \cdots + 3969 + 17956 + 3600}{4} - 25000.00$$
$$= \frac{110320}{4} - 25000.00 = 2580.00$$

⑤ 誤差の平方和，SS_{res} は，（式4-5）より，

$$SS_{\text{res}} = SS_{\text{total}} - SS_{\text{treat}} - SS_{\text{b.people}}$$
$$= 3388.00 - 583.60 - 2580.00 = 224.40$$

●表4-2　基本例題の被験者内1要因分散分析表

変動因	平方和（SS）	自由度（df）	平均平方（MS）	F	p
条件A（角度）	583.60	3	194.53	23.41	<.01
個人（b.people）	2580.00	9	286.67	34.49	<.01
残差（res）	224.40	27	8.31		
全体（total）	3388.00	39			

⑥ （式4-6）に従い，③から⑤で求めた平方和をおのおのの自由度（$df_{\text{treat}} = k-1$，$df_{\text{b.people}} = n-1$，$df_{\text{res}} = (k-1)(n-1)$）で割り，条件，個人，誤差の平均平方を算出して，表4-2のような分散分析表を作成する。

⑦ （式4-7）に従い角度条件の効果を検定するF値を求め，表4-2の分散分析表に記入する。

$$F_{\text{treat}} = \frac{194.53}{8.31} = 23.41$$

この値は，巻末の付表2-Cの，自由度（3，27）の有意水準1％の値である4.60よりも大きい。よって，角度によって錯視量に1％水準で有意な差があったと結論することができる。

⑧ （式4-8）に従い個人差を検定するF値を求め，表4-2の分散分析表に記入する。

$$F_{\text{b.people}} = \frac{286.67}{8.31} = 34.49$$

この値も，巻末付表2-Cの，自由度（9，27）の有意水準1％の値である3.15よりも大きい。よって，被験者によって錯視量に有意差があったといえる。また，このように個人差が大きかったことは，個人差を条件の効果と切り離すべきだとして設定した，この実験計画の妥当性をも示しているといえよう。

③ 多重比較

②の⑦の検定結果のように，条件の効果が存在することが明らかとなった場合は，テューキーのHSD法による多重比較を行なう。計算手順は3章（p.37）に示す通りであるが，この場合のMS_{res}は表4-2のMS_{res}である。

$$HSD = q_{k, df_{\text{res}}} \sqrt{\frac{MS_{\text{res}}}{n}} = q_{k, 27} \sqrt{\frac{8.31}{10}} \quad \text{（式4-9）}$$

各平均対の差と，比較する平均対の総数（k）を（式4-9）にあてはめて算出した HSD を比較した結果，角度60°条件と角度90°条件，および，角度90°条件と角度120°条件の平均対に有意差がなく（差=1.6，$HSD(k=4, \alpha=0.05)=3.53$），他には有意差が認められた。

④ 傾向検定

各平均対の差の多重比較法については，6章で詳述するが，これ以外に，本章基本例題のように条件が間隔尺度の変数で，なおかつ，水準の値が連続的に変化するにつれて測定値が比例的に増加，あるいは，減少するような関数関係があらかじめ予想されている場合には，従属変数と独立変数の全体的な関数関係（傾向）を特定するための，傾向検定（trend analysis）を行なう。

> **原理**
> 傾向検定とは，条件の平方和 SS_{treat} が，互いに直交（独立）する1次，2次，…，$k-1$ 次の平方和に分解できること，すなわち，
> $$SS_{treat} = SS_1 + SS_2 + \cdots + SS_{k-1}$$
> を利用して，条件の効果による変動が，何次の変動に起因するものなのかを明らかにしようとするものである。

各次数の平方和は，巻末の直交多項式の係数の表（付表4）の，条件数 k の各次数 m の係数 c_{mj} を利用して，

$$SS_m = \frac{\left(\sum_j c_{mj} A_j\right)^2}{n \sum_j c_{mj}} \qquad \text{(式4-10)}$$

を計算し，求めることができる。各次数の平方和の自由度は，自由度 $k-1$ の SS_{treat} が $k-1$ 次までに分解されるため，当然みな，1となり，$MS_m = SS_m$ となる。

そして，各次数の平均平方が誤差の平均平方より大きいか否かを，

$$F_m(1, df_{res}) = \frac{MS_m}{MS_{res}} \qquad \text{(式4-11)}$$

で検定すれば，条件の効果の変動が何次の変動に起因したのかがわかる。

計算手順

① 各条件の平方和を1次から $k-1$ 次の直交する比較に分離するため，巻末の付表4で $k=4$ の時の直交多項式の係数 c_{mj} を調べ，表4-3のような表に記入する（①）。

② 表4-3に示す，4種の値を計算し，記入する（②）。

$$\sum_j c_1 T_j = (-3)\times(309)+(-1)\times(257)+(1)\times(225)+(3)\times(209)=-332$$

$$\sum_j c_2 T_j = (1)\times(309)+(-1)\times(257)+(-1)\times(225)+(1)\times(209)=36$$

$$\sum_j c_3 T_j = (-1)\times(309)+(3)\times(257)+(-3)\times(225)+(1)\times(209)=-4$$

③ （式4-10）に従い，各次数の SS_m を求める（③）

$$SS_1=\frac{(-332)^2}{10\{(-3)^2+(-1)^2+1^2+3^2\}}=\frac{110224}{(10)\times(20)}=\frac{110224}{200}=551.12$$ ←分子は表4-3の a)
←分母は 〃 b)

$$SS_2=\frac{36^2}{10\{1^2+(-1)^2+(-1)^2+1^2\}}=\frac{1296}{(10)\times(4)}=\frac{1296}{40}=32.40$$

$$SS_3=\frac{(-4)^2}{10\{(-1)^2+3^2+(-3)^2+1^2\}}=\frac{16}{(10)\times(20)}=\frac{16}{200}=0.08$$

④ ③で求めた SS_m と $df_m(=1)$，MS_m を，表4-4のような分散分析表に記入する。

●表4-3 傾向検定のための計算表

	条件(角度)	T_j	1次：c_1	2次：c_2	3次：c_3	
①	30° 60° 90° 120°	$A_1=309$ $A_2=257$ $A_3=225$ $A_4=209$	−3 −1 1 3	1 −1 −1 1	−1 3 −3 1	
②		$\sum_j c_{mj}T_j$	−332	36	−4	
	a)	$\left(\sum_j c_{mj}T_j\right)^2$	110224	1296	16	
		$\sum_j c_{mj}^2$	20	4	20	
	b)	$n\sum_j c_{mj}^2$	200	40	200	計($=SS_{\text{treat}}$)
③	a)/b)	SS_m	551.12	32.40	0.08	583.60

●表4-4 傾向検定の分散分析表

変動因	平方和（SS）	自由度（df）	平均平方（MS）	F	p
条件A(角度)	583.60	3	194.53	23.41	<.01
1次	551.12	1	551.12	66.32	<.01
2次	32.40	1	32.40	3.90	n.s.
3次	0.08	1	0.08	0.01	n.s.
残差（res）	224.40	27	8.31		

⑤ 表4-4に表4-2の MS_{res} を記入し，(式4-11)により F 値を求め，検定する。

$$F_1(1,27)=\frac{551.12}{8.31}=66.32, \quad F_2(1,27)=\frac{32.40}{8.31}=3.90, \quad F_3(1,27)=\frac{0.08}{8.31}=0.01$$

巻末の付表2を見ると，自由度(1,27)の有意水準5％の値は4.21，1％の値は7.68であり，1次の $F_1(1,27)=66.32$ だけが1％水準の時の値よりも大きく，有意であることがわかる。

つまり，この結果は，1次の変動だけが有意だったことを示している。

したがって，条件の効果による変動は，1次の変動によるものであるといえ，角度が増大するにつれて，錯視量が直線的に減少したと結論することができる。

5 被験者内1要因計画のメリットとデメリット

メリット

冒頭で，こうした被験者内計画では，被験者の個人差を条件の効果と切り離すことができるというメリットについて述べた。実際，基本例題の場合も②の⑧の検定の結果，被験者の個人差はきわめて大きかった。被験者内計画では，このように個人差が大きい場合にとくに検定力が高まる。

3章・5章で紹介した，条件ごとに異なる被験者を用いる被験者間計画では，個人差は誤差とみなされる。したがって，個人差が少ない実験の場合は問題はないが，上述のように個人差が非常に大きい実験の場合は，誤差が大きくなりすぎるために，F 値が小さくなり，条件の効果が検出されにくくなってしまう。

参考までに，この同じデータを，個人差を誤差と分離しないで被験者間計画のように分析した場合の結果を表4-5に示した。これをみると，個人差が誤差に吸収されると角度の効果が検出されなくなってしまうようすがわかる。

●表4-5 基本例題の被験者間1要因分散分析表

変動因	平方和（SS）	自由度（df）	平均平方（MS）	F	p
条件A（角度）	583.60	3	194.53	2.50	n.s.
残差（res）	2804.40	36	77.90		
全体（total）	3388.00	39			

第2部　要因計画法の手順

4章　被験者内1要因計画

ディメリット

　被験者内計画では，同じ被験者がさまざまな条件で試行をくり返すために，

　　1）被験者の負担が大きい。

　　2）条件間で同じ材料を用いることができないことが多い。基本例題のような場合は問題はないが，学習実験などでは，同じ被験者に条件間で同じ材料をくり返し学習させることはできない。したがって，条件ごとに別の材料を用意し，その難易度を統制するなど，何らかの材料統制が別途必要となる。

　　3）練習効果（促進）や疲労効果（抑制）が生じ得る。

　　4）条件間の影響が強い場合，たとえば，ある条件での試行が，別の条件での試行を促進したり抑制したりするような対比効果が生じやすいような場合には適さない。

などのディメリットがある。

　3）や4）をできるだけ緩和するためには，条件の実施順序を被験者ごとに変化させ，相殺（カウンターバランス）するといった工夫が行なわれることが多い（演習課題参照）。

　ただし，いずれかのディメリットのために，どうしても同一被験者をくり返し用いることができないが，なおかつ，被験者の個人差も大きいために被験者間計画にすることができないというジレンマに陥る場合がある。このような場合，次に述べる乱塊法を用いることができれば，問題はきわめて少なくなる。

6　乱塊法

　この方法ならば，異なる被験者を用いながら被験者内計画と同じ分析を行なえるため，個人差と条件の効果を別個に検討することができる。ただしこれを適用できる場合は，条件の要因以外にその測定値に大きく影響すると考えられる局外因子，言い換えれば，測定値の個人差に影響すると考えられる別の因子が存在し，しかも，その因子で被験者を分割可能な場合に限られる。

　たとえば，A，B，Cという3種類の教授法で，ある教科の特定の事項の講義を行ない，教授法の効果を比較したいとする。この場合，講義の内容自体は

6 乱塊法

●表 4-6 乱塊法の例

能力（成績）	ブロック	被験者		
1	B_1	S_{11},	S_{12},	S_{13}
2	B_2	S_{21},	S_{22},	S_{23}
3	B_3	S_{31},	S_{32},	S_{33}
4	B_4	S_{41},	S_{42},	S_{43}
5	B_5	S_{51},	S_{52},	S_{53}

ブロック	教授法						平均 ($\bar{B}_i$)
	A		B		C		
	被験者	得点	被験者	得点	被験者	得点	
B_1	S_{11}	35	S_{13}	21	S_{12}	41	32.33
B_2	S_{23}	47	S_{21}	34	S_{22}	66	49.00
B_3	S_{32}	55	S_{33}	41	S_{31}	82	59.00
B_4	S_{43}	60	S_{42}	50	S_{41}	89	66.33
B_5	S_{51}	71	S_{53}	61	S_{52}	93	75.00
平均 ($\bar{T}_j$)		53.60		41.40		74.00	
標準偏差		13.56		15.24		21.14	

同じにしたいので，同じ学生に3種類の教授法でくり返し講義をするわけにはいかない。しかし，学生の能力はまちまちなので，たとえ後から行なう試験の成績に差が出ても，それが本当に教授法の効果の違いによるものなのか，あるいは，単に割り当てられた学生の能力差のためなのかがわからない。

この場合，試験成績に影響する局外因子は学生のその教科の能力だと考えられる。そこで，その教科の成績で学生を段階的にブロック化し，各ブロックから無作為に1名ずつ各水準に割り当てたうえで実験を行なう。これが乱塊法（randomized block design）である。

表4-6に具体例を示す。こうすれば，各水準内の個人差は均質にすることができるため，この試験得点には，先とまったく同様の被験者内1要因の分散分析を適用することができる。

ただし，局外因子と主要因に交互作用がある場合，たとえば，成績のよしあしによって教授法の効果が逆になってしまうような場合には，この方法は適さないので注意されたい。

第2部　要因計画法の手順

4章　被験者内1要因計画

演習問題

1．幅跳びへのイメージ想起の影響をみるために，6人の幅跳び選手の，
   a．何もイメージしないまま幅跳びをした場合，
   b．成功する場面をイメージしてから幅跳びをした場合，
   c．失敗する場面をイメージしてから幅跳びをした場合，
の幅跳びの成績をある程度の時間間隔をおいて測定した。結果を下表に示す。条件の実施順序は全員異なるようカウンターバランスされていた。条件による成績の違いについては，特定の仮説はたてられていなかったものとする。

   1) 幅跳びの成績にイメージ想起が影響したか否かを検定しなさい。
   2) 影響したといえた場合には，下位検定を行ないなさい。

2．この実験を乱塊法で計画する場合，どのような実験計画が考えられるか，具体的には，どのような局外因子でどのような被験者ブロックを作り，どのように被験者を各条件に割り当てればよいと考えられるかを述べなさい。

被験者	イメージ		
	なし	成功	失敗
1	581	603	562
2	539	544	502
3	575	589	551
4	527	542	535
5	601	619	588
6	546	562	544

引用文献

鎌原雅彦・宮下一博・大野木裕明・中澤　潤（編著）　1998　心理学マニュアル　質問紙法　北大路書房　p. 129

参考文献

岩原信九郎　1982　教育と心理のための推計学（新訂版）　日本文化科学社
Kirk, R. E. 1995 *Experimental design-Procedures for the behavioral sciences*, 3rd ed. Monterey, California : Brooks/Cole Pub.
森　敏昭・吉田寿夫（編著）　1994　心理学のためのデータ解析テクニカルブック　北大路書房
芝　祐順・南風原朝和　1995　行動科学における統計解析法　東京大学出版会
繁桝算男・柳井晴夫・森　敏昭（編著）　1999　Q＆Aで知る統計データ解析：DOs and DON'Ts　サイエンス社
Winer, B. J., Brown, R. D. & Michels, K. M. 1991 *Statistical principles in experimental design*, 3rd ed. New York : McGraw-Hill.
山内光哉　1998　心理・教育のための統計法（第2版）　サイエンス社

演習問題の解答

演習問題の解答

1．1）　分散分析表は次の通りで，イメージ想起は幅跳びに影響したといえる。

変動因	平方和（SS）	自由度（df）	平均平方（MS）	F	p
イメージ条件（A）	2611.00	2	1305.50	16.03	<.01
個人（b.people）	12466.67	5	2493.33	30.62	<.01
残差（res）	814.33	10	81.43		
全体（total）	15892.00	17			

2）　この場合は，特定の条件間だけに差が仮定されていたわけでも，条件と成績との特定の関数関係が仮定されていたわけでもないため，テューキーの HSD 法による通常の多重比較を行なえばよい。

付表3-A，3-B より，$q_{0.05,3,10}=3.877$，$q_{0.01,3,10}=5.270$ であるので，結果は下表に示す通りとなり，すべてのイメージ条件間に有意差があり，成功イメージ条件＞イメージなし条件＞失敗イメージ条件，であった。

条件対	差	$HSD(\alpha)$	p
成功-なし	15.00	＞$HSD(0.05)=14.283$	<.05
成功-失敗	29.50	＞$HSD(0.01)=19.415$	<.01
なし-失敗	14.50	＞$HSD(0.05)=14.283$	<.05

2．幅跳びの実力で3名ずつの被験者ブロックを何段階か作成し，各ブロックから1名ずつランダムに選んで各イメージ条件に割り当てる，等が考えられる。

5章 被験者間2要因計画

◆基本例題1◆

　テスト不安およびテストの採点方法が学習行動に与える効果を調べた（仮想実験）。被験者はテスト不安の低い者12名（低群），普通の者12名（中群），高い者12名（高群）である。採点方法の条件は，

　テストを実施するだけの条件（未回収）
　答案を回収するだけの条件（回収）
　答案を採点して返却する条件（採点返却）
　答案を回収せずに自己採点をうながす条件（自己採点）

である。被験者はランダムにどれか1つの採点方法へ配当され，同一の条件で一週間テストを受けた。表5-1は翌週のテストの得点である。分散分析法を用いてテスト成績を解析しなさい。ただし，実験前は低群，中群，高群の学習成績は等質であったとする。

●表5-1　基本例題1のデータ（数値は得点）

要因A（テスト不安）		要因B（採点方法）			
		b_1（未回収）	b_2（回収）	b_3（採点返却）	b_4（自己採点）
	a_1（低群）	36 51 48	41 31 34	60 41 37	46 25 39
	a_2（中群）	40 21 49	38 50 33	44 44 46	47 32 49
	a_3（高群）	32 51 18	35 32 29	72 65 66	56 61 56

1　被験者間2要因計画で検証できること

　この実験はテスト不安とテストの採点方法が学習行動に影響を与えるかどうかを検討している。実験要因はテスト不安と採点方法の2つであり，ここではテスト不安を要因A，採点方法を要因Bとした。テスト不安の水準には「低群（a_1），中群（a_2），高群（a_3）」の3つ，採点方法の水準には「未回収（b_1），回収（b_2），採点返却（b_3），自己採点（b_4）」の4つがある。水準の数が3と4であるから，2つの要因の間には12個（＝3×4）の組み合わせ（セル）がある。被験者は実験全体で36名，12個のセルにそれぞれ3名ずつが配当されている。セル内のデータの数をくり返しの数といい，ここでは3である。被験者は要因Aのどれか1つの水準に入るので，要因Aは被験者間要因，同様に要因Bでも水準ごとに被験者が異なるので，要因Bも被験者間要因である。そのため，この実験は被験者間2要因計画とよばれる。

　2要因の分散分析は，まず，2つの要因の交互作用を検証する。交互作用とは，特定のセルにおいて要因Aの主効果と要因Bの主効果だけでは説明できない組み合わせ特有の実験効果が認められる，ということである。図5-1をみると，低群（a_1）と中群（a_2）においては未回収条件（b_1）と採点返却条件（b_3）の平均差は比較的小さいが，高群（a_3）では採点返却条件（b_3）の平均が未回収条件（b_1）よりも相当に大きいことがわかる。つまり，高群（a_3）と採点返却条件（b_3）の組み合わせには，他の組み合わせにはみられない，その組み合わせ特有の実験効果が現われている。このことを統計的に検証できれば，要因Aと要因Bとの間の交互作用が認められたことになる。

　また，交互作用が認められないときは，1要因の分散分析と同様に主効果を検定し，主効果が有意なときは水準間で母平均を多重比較する。

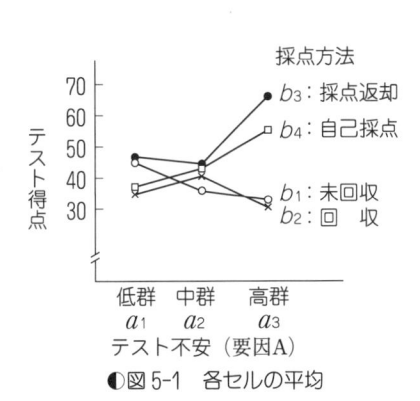

◉図5-1　各セルの平均

② データの構造モデル

要因Aの水準数をp，要因Bの水準数をqとする。また，ここでは各セルの被験者数はすべて等しく，それをnとする。そして，X_{ijk}を水準a_iと水準b_jの組み合わせ（以下，ab_{ij}と記す）におけるk番目の被験者の得点として，（式5-1）のようにX_{ijk}をモデル化する。

$$X_{ijk} = \mu_{ij} + \varepsilon_{ijk} \qquad (式5\text{-}1)$$

$$(i=1, 2, ..., p ; j=1, 2, ..., q ; k=1, 2, ..., n)$$

ここで，μ_{ij}はab_{ij}における母平均，ε_{ijk}はab_{ij}におけるk番目の被験者の誤差である。誤差はab_{ij}において平均0の正規分布に従うと仮定する。

さらに，μ_{ij}を次のように分解する。

$$\mu_{ij} = \mu.. + \underbrace{(\mu_i - \mu..)}_{\alpha_i} + \underbrace{(\mu_j - \mu..)}_{\beta_j} + \underbrace{(\mu_{ij} - \mu_i - \mu_j + \mu..)}_{\alpha\beta_{ij}}$$

ここで，

$$\mu.. = \frac{1}{pq}\sum_i\sum_j\mu_{ij}, \quad \mu_i = \frac{1}{q}\sum_j\mu_{ij}, \quad \mu_j = \frac{1}{p}\sum_i\mu_{ij} \qquad (式5\text{-}2)$$

である。

（式5-2）の$\mu..$は母平均μ_{ij}の平均であるから，一般平均とよばれる。また，右辺第2項の$\mu_i - \mu..$は，水準a_iの母平均μ_iの一般平均$\mu..$からの偏差であるから，これを水準a_iの主効果とよび，$\alpha_i (i=1, 2, ..., p)$で示す。同様に右辺第3項の$\mu_j - \mu..$を水準$b_j$の主効果とよび，$\beta_j (j=1, 2, ..., q)$で示す。右辺第4項は，

$$\mu_{ij} - \mu_i - \mu_j + \mu.. = \mu_{ij} - (\mu_i + \mu_j - \mu..)$$
$$= \mu_{ij} - (\alpha_i + \beta_j + \mu..)$$

となるので，母平均μ_{ij}が主効果と一般平均で説明できるときは0になる。しかし，ab_{ij}において固有の実験効果が生じているとき，すなわち水準a_iと水準b_jの交互作用があるとき，右辺第4項は0にならない。そのため，右辺第4項を交互作用とよび，$\alpha\beta_{ij} (i=1, 2, ..., p ; j=1, 2, ..., q)$で示す。

一般平均，主効果，交互作用を用いてデータの構造モデルを書き換えると

$$X_{ijk} = \mu.. + \alpha_i + \beta_j + \alpha\beta_{ij} + \varepsilon_{ijk} \qquad (式5\text{-}3)$$

となる。この構造モデルを用いて帰無仮説H_0と対立仮説H_1を記述すると以

下のようになる。主効果と交互作用の分散を用いて仮説を示すとかっこ内になる。

要因Aの主効果：

$H_0 : \alpha_1 = \alpha_2 = \cdots = \alpha_p = 0$ （$H_0 : \sigma_\alpha^2 = 0$）

$H_1 : [\alpha_1 = \alpha_2 = \cdots = \alpha_p = 0]$ ではない （$H_1 : \sigma_\alpha^2 > 0$）

要因Bの主効果：

$H_0 : \beta_1 = \beta_2 = \cdots = \beta_q = 0$ （$H_0 : \sigma_\beta^2 = 0$）

$H_1 : [\beta_1 = \beta_2 = \cdots = \beta_q = 0]$ ではない （$H_1 : \sigma_\beta^2 > 0$）

要因Aと要因Bの交互作用：

$H_0 : (\alpha\beta)_{11} = (\alpha\beta)_{12} = \cdots = \alpha\beta_{pq}$ （$H_0 : \sigma_{\alpha\beta}^2 = 0$）

$H_1 : [(\alpha\beta)_{11} = (\alpha\beta)_{12} = \cdots = \alpha\beta_{pq}]$ ではない （$H_1 : \sigma_{\alpha\beta}^2 > 0$）

要因Aと要因Bの帰無仮説は水準間に実験効果の違いがないこと，また，交互作用の帰無仮説はセル固有の実験効果がないことを明示している。なお，主効果 α_i，主効果 β_j，交互作用 $\alpha\beta_{ij}$ には次の制約をおく。

$\sum_i \alpha_i = \sum(\mu_i - \mu..) = 0$

$\sum_j \beta_j = \sum(\mu_j - \mu..) = 0$

$\sum_i \alpha\beta_{ij} = \sum(\mu_{ij} - \mu_i - \mu_j + \mu..) = 0$

$\sum_j \alpha\beta_{ij} = \sum(\mu_{ij} - \mu_i - \mu_j + \mu..) = 0$

3 分散分析表

平方和の分解

（式5-3）の構造モデルにおいて，誤差 ε_{ijk} の平方和を最小にする一般平均 $\mu..$，主効果 α_i，交互作用 $\alpha\beta_{ij}$ の推定値（最小二乗推定値）は以下の通りである。

$\mu.. = \overline{G}$

$\alpha_i = \overline{A}_i - \overline{G} \quad (i=1, ..., p)$

$\beta_j = \overline{B}_j - \overline{G} \quad (j=1, ..., q)$

$\alpha\beta_{ij} = \overline{AB}_{ij} - \overline{A}_i - \overline{B}_j + \overline{G}$

$\varepsilon_{ijk} = X_{ijk} - \overline{AB}_{ij}$

ここで，

第2部　要因計画法の手順

5章　被験者間2要因計画

●表 5-2　2要因（被験者間要因）分散分析表

変動因	平方和(SS)	自由度(df)	平均平方(MS)	F	p
要因A	SS_A	df_A	MS_A	$MS_A/MS_{w.cell}$	
要因B	SS_B	df_B	MS_B	$MS_B/MS_{w.cell}$	
交互作用 AB	SS_{AB}	df_{AB}	MS_{AB}	$MS_{AB}/MS_{w.cell}$	
誤差(error)	$SS_{w.cell}$	$df_{w.cell}$	$MS_{w.cell}$		
全体(total)	SS_{total}	df_{total}			

$$\bar{G} = \frac{1}{npq}\sum_i\sum_j\sum_k X_{ijk}, \quad \bar{A}_i = \frac{1}{nq}\sum_j\sum_k X_{ijk}$$

$$\bar{B}_j = \frac{1}{np}\sum_i\sum_k X_{ijk}, \quad \overline{AB}_{ij} = \frac{1}{n}\sum_k X_{ijk}$$

である。この推定値を用いて（式 5-3）の構造モデルを書き換えると，

$$X_{ijk} = \underbrace{\bar{G}}_{\mu..} + \underbrace{(\bar{A}_i - \bar{G})}_{\alpha_i} + \underbrace{(\bar{B}_j - \bar{G})}_{\beta_j}$$
$$+ \underbrace{(\overline{AB}_{ij} - \bar{A}_i - \bar{B}_j + \bar{G})}_{\alpha\beta_{ij}} + \underbrace{(X_{ijk} - \overline{AB}_{ij})}_{\varepsilon_{ijk}}$$

となる。さらに，右辺第1項の $\bar{G}$ を左辺に移項して次式によって平方和を定義すると，データ全体の変動を表わす全平方和 SS_{total} が，要因Aと要因Bの平方和 SS_A と SS_B，交互作用の平方和 SS_{AB}，誤差の平方和 $SS_{w.cell}$ に分解される。分散分析はこの平方和の大きさに着目して主効果と交互作用を検定する。検定に必要な分散分析表を表 5-2 に示す。

$$\begin{aligned}
\underbrace{\sum(X_{ijk} - \bar{G})^2}_{SS_{total}} &= \sum\{(\bar{A}_i - \bar{G}) + (\bar{B}_j - \bar{G}) \\
&\quad + (\overline{AB}_{ij} - \bar{A}_i - \bar{B}_j + \bar{G}) + (X_{ijk} - \overline{AB}_{ij})\}^2 \\
&= \underbrace{\sum(\bar{A}_i - \bar{G})^2}_{SS_A} + \underbrace{\sum(\bar{B}_j - \bar{G})^2}_{SS_B} \\
&\quad + \underbrace{\sum(\overline{AB}_{ij} - \bar{A}_i - \bar{B}_j + \bar{G})^2}_{SS_{AB}} + \underbrace{\sum(X_{ijk} - \overline{AB}_{ij})^2}_{SS_{w.cell}}
\end{aligned} \quad \text{(式 5-4)}$$

$$SS_{total} = SS_A + SS_B + SS_{AB} + SS_{w.cell}$$

検定統計量の計算

平方和の定義式は（式 5-4）の通りであるが，以下の手順を利用したほうが計算誤差は少ない。まず，次式で定義するセル ab_{ij} ごとの和 AB_{ij}，水準和 A_i と B_j，総和 G，また，セル ab_{ij} の平均 $\overline{AB}_{ij}$，水準平均 $\bar{A}_i$ と $\bar{B}_j$，全平均 $\bar{G}$ を入れた表 5-3 を用意する。

$$AB_{ij} = \sum_k X_{ijk} \quad A_i = \sum_j\sum_k X_{ijk} \quad B_j = \sum_i\sum_k X_{ijk} \quad G = \sum_i\sum_j\sum_k X_{ijk}$$

3 分散分析表

● 表 5-3　平方和を計算するための補助表

			要因B				和 $\sum A_i$
			b_1	b_2	b_3	b_4	平均 $\overline{A}_i$
要因A	a_1		AB_{11} 135	AB_{12} 106	AB_{13} 138	AB_{14} 110	A_1 489
		平均	$\overline{AB}_{11}$ 45.000	$\overline{AB}_{12}$ 35.333	$\overline{AB}_{13}$ 46.000	$\overline{AB}_{14}$ 36.667	$\overline{A}_1$ 40.750
	a_2		AB_{21} 110	AB_{22} 121	AB_{23} 134	AB_{24} 128	A_2 493
		平均	$\overline{AB}_{21}$ 36.667	$\overline{AB}_{22}$ 40.333	$\overline{AB}_{23}$ 44.667	$\overline{AB}_{24}$ 42.667	$\overline{A}_2$ 41.083
	a_3		AB_{31} 101	AB_{31} 96	AB_{33} 203	AB_{34} 173	A_3 573
		平均	$\overline{AB}_{31}$ 33.667	$\overline{AB}_{32}$ 32.000	$\overline{AB}_{33}$ 67.667	$\overline{AB}_{34}$ 57.667	$\overline{A}_3$ 47.750
和 $\sum B_j$			B_1 346	B_2 323	B_3 475	B_4 411	総和 G 1555
平均 $\overline{B}_j$			$\overline{B}_1$ 38.444	$\overline{B}_2$ 35.889	$\overline{B}_3$ 52.778	$\overline{B}_4$ 45.667	全平均 $\overline{G}$ 43.194

そして，次式によって修正項Kを計算する．

$$K = \frac{G^2}{npq} = \frac{1555^2}{36} = 67167.3611 \tag{式 5-5}$$

以下，修正項Kを利用して順に平方和を計算していく．

$$SS_{\text{total}} = \sum (X_{ijk} - \overline{G})^2 = \sum X_{ijk}^2 - K$$
$$= (36^2 + 51^2 + \cdots + 56^2) - 67167.3611 = 5637.6389$$

$$SS_A = \sum (\overline{A}_i - \overline{G})^2 = \frac{1}{nq}\sum A_i^2 - K$$
$$= \frac{(489^2 + 493^2 + 573^2)}{3 \times 4} - 67167.3611 = 374.2222$$

$$SS_B = \sum (\overline{B}_j - \overline{G})^2 = \frac{1}{np}\sum B_j^2 - K$$
$$= \frac{(346^2 + 323^2 + 475^2 + 411^2)}{3 \times 3} - 67167.3611 = 1564.9722$$

$$SS_{AB} = \sum (X_{ijk} - \overline{AB}_{ij})^2 = \frac{1}{n}\sum AB_{ij}^2 - K - (SS_A + SS_B)$$
$$= \frac{(135^2 + 106^2 + \cdots + 173^2)}{3} - 67167.3611 - (374.2222 + 1564.9722)$$

$$\begin{aligned}
&= 1640.4445 \\
SS_{w.cell} &= \sum(X_{ijk} - \overline{AB}_{ij})^2 = SS_{total} - SS_A - SS_B - SS_{AB} \\
&= 5637.6389 - 374.2222 - 1564.9722 - 1640.4445 = 2058.0000
\end{aligned}$$
(式 5-6)

以上で平方和を計算できたので，表に数値を入れる。

自由度は次の通りである。これも表に入れる。

$$df_A = p - 1 = 3 - 1 = 2$$
$$df_B = q - 1 = 4 - 1 = 3$$
$$df_{AB} = (p-1)(q-1) = (3-1)(4-1) = 6$$
$$df_{w.cell} = pq(n-1) = 3 \times 4(3-1) = 24$$
$$df_{total} = npq - 1 = 3 \times 4 \times 3 - 1 = 35$$

平均平方は平方和と自由度を用いて以下のように定義される。これも表に入れる。平均平方は主効果，交互作用，誤差の不偏分散になっている。

$$MS_A = \frac{SS_a}{df_a} = 374.2222/2 = 187.1111$$

$$MS_B = \frac{SS_b}{df_b} = 1564.9722/3 = 521.6574$$

$$MS_{AB} = \frac{SS_{ab}}{df_{ab}} = 1640.4445/6 = 273.4074$$

$$MS_{w.cell} = \frac{SS_{w.cell}}{df_{w.cell}} = 2058.0000/24 = 85.7500$$

以上の計算により検定統計量Fを算出するための数値が用意ができた。次式によって検定統計量Fを計算して表に入れる。

要因Aの主効果：$F = \dfrac{MS_A}{MS_{w.cell}} = 187.1111/85.7500 = 2.1821$

要因Bの主効果：$F = \dfrac{MS_B}{MS_{w.cell}} = 521.6574/85.7500 = 6.0835$

交互作用：$F = \dfrac{MS_{AB}}{MS_{w.cell}} = 273.4074/85.7500 = 3.1884$

最後にp値を入れて分散分析表を完成する。要因Aの自由度は2，誤差の自由度は24である。有意水準5％に相当するFの臨界値は巻末付表2-Bより3.40である。基本例題1の算出したF値2.1821は3.40よりも小さいので，p値は5％よりも大きい。したがって，テスト不安に関する帰無仮説を有意水準5％で棄却することはできない。

また，要因Bは主効果の自由度が3，誤差の自由度が24である。有意水準1

％に相当するFの臨界値は巻末付表2-Cより4.72である。基本例題1で算出したF値6.0835は4.72よりも大きい。したがって，要因Bの帰無仮説は有意水準1％で棄却され，採点方法の主効果が認められる。ただし，後述の通り，交互作用が有意であるから，テスト不安を無視して採点方法の主効果に言及しても意義のある解釈はできない。

交互作用の自由度は6，誤差の自由度は24である。巻末付表2-B，2-Cより有意水準5％のFの臨界値が2.51，有意水準1％のFの臨界値が3.67である。算出したF値3.1884は2.51と3.67の間に入るので，テスト不安と採点方法の交互作用は5％水準で有意といえる。

基本例題1は交互作用が有意なので，他方の要因を無視した主効果の解釈は不要であるが，p値を分散分析表に入れておく。

多様な交互作用　セルの平均を2つの要因の主効果と一般平均で説明しきれないとき，交互作用があると説明した。交互作用の意味はセルごとの平均値を図示すると理解しやすい。基本例題1の結果を描いた図5-1は交互作用が有意となる典型的な実験結果を示している。ここで，水準b_1のプロフィールと水準b_4のプロフィールが交差していることに気がつく。このように，プロフィールの交差は交互作用の存在を示唆する。しかし，プロフィールが交差していなくても交互作用はある。そうした事例を図5-2に示す。いずれのケースも要因Bの効果の出方が，要因Aの水準によって異なっていることが読みとれる。

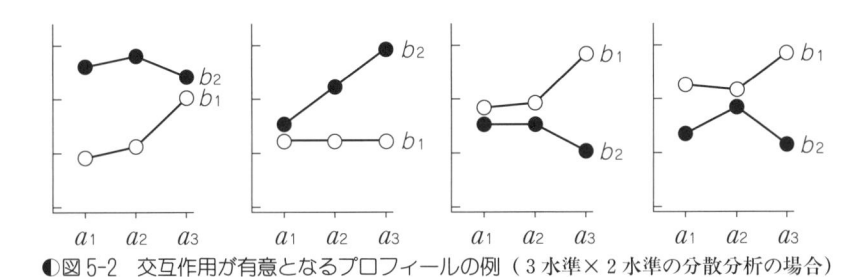

●図5-2　交互作用が有意となるプロフィールの例（3水準×2水準の分散分析の場合）

④ 事後分析

2要因の分散分析は交互作用の有無に応じて以下の事後分析を行なう。

1．交互作用が有意ではないとき

2つの主効果に着目し，有意となった主効果があれば水準間の多重比較を行なう。有意な主効果がなければ，分析を終わる。

2．交互作用が有意なとき

計算が比較的容易な2つの方法を説明する。

1) 要因Bの水準ごとに要因Aの単純主効果を検定し，これが有意なときは要因Aの多重比較を行なう。要因Bの単純主効果についても同様の手順をふむ。心理学の研究では，この手順に従って多重比較を行なうことが多い。

2) セル ab_{ij} を1つの水準とみなして，すべてのセルの組み合わせ（pq個のセルがあるので，$_{pq}C_2$ の通りの組み合わせがある）について多重比較を行なう。この方法はすべてのセルの間で平均差に関心があるときに利用する。一般的な実験では誤差の自由度が大きくなるため，検出力が1)よりも小さくなる。

ここでは，まず上記の1)の手順に従った事後分析を示し，2)の方法については後述する。

1．単純主効果の検定

要因Aの単純主効果を検定するための帰無仮説は次の通りである。帰無仮説は要因Bの水準ごとにあり，一つひとつについて検定する。

$$H_0(j) : \mu_{1j} = \mu_{2j} \cdots = \mu_{pj} \quad (j=1, 2, ..., q)$$

帰無仮説 $H_0(j)$ の検定統計量Fは次式を用いて計算する。分子の自由

●表5-4 基本例題1の分散分析表

変動因	平方和（SS）	自由度（df）	平均平方（MS）	F	p
要因A（テスト不安）	374.2222	2	187.1111	2.1821	n.s.
要因B（採点方法）	1564.9722	3	521.6574	6.0835	<.01
交互作用AB	1640.4445	6	273.4074	3.1884	<.05
誤差（error）	2058.0000	24	85.7500		
全体（total）	5637.6389	35			

度は $p-1$,分母の自由度は $pq(n-1)$ である。$MS_{\text{w.cell}}$ は誤差の平均平方であるが,数値は表5-4にある。

$$F=\frac{SS_{\text{A for }bj}/(p-1)}{SS_{\text{w.cell}}/[pq(n-1)]}=\frac{SS_{a\text{ for }bj}/(p-1)}{MS_{\text{w.cell}}}$$

ここで,分子の $SS_{\text{A for }bj}$ は b_j における要因Aの平方和であり,定義式は

$$SS_{\text{A for }bj}=n\sum(\overline{AB}_{ij}-\overline{B}_j)^2$$
$$=\frac{1}{n}\sum(AB_{ij})^2-\frac{B_j^2}{np}$$

である。単純主効果の F 値は以下のようになる。

水準 b_1 における要因Aの単純主効果:

$$SS_{\text{A for }b1}=\frac{1}{3}(135^2+110^2+101^2)-\frac{346^2}{3\times 3}=206.8889$$

$$F=\frac{206.8889/(3-1)}{85.7500}=1.2063$$

水準 b_2 における要因Aの単純主効果:

$$SS_{\text{A for }b2}=\frac{1}{3}(106^2+121^2+96^2)-\frac{323^2}{3\times 3}=105.5556$$

$$F=\frac{105.5556/(3-1)}{85.7500}=0.6155$$

水準 b_3 における要因Aの単純主効果:

$$SS_{\text{A for }b3}=\frac{1}{3}(138^2+134^2+203^2)-\frac{475^2}{3\times 3}=1000.2222$$

$$F=\frac{1000.2222/(3-1)}{85.7500}=5.8322$$

水準 b_4 における要因Aの単純主効果:

$$SS_{\text{A for }b4}=\frac{1}{3}(110^2+128^2+173^2)-\frac{411^2}{3\times 3}=702.0000$$

$$F=\frac{702.0000/(3-1)}{85.7500}=4.0933$$

以上で4つの F 値を計算できたが,自由度はいずれも2と24である。巻末付表2-Bより有意水準5％の F の臨界値は3.40であるから,水準 b_3 と水準 b_4 において要因Aの単純主効果が有意である。

2. 多重比較

水準 b_3 と水準 b_4 で要因Aの単純主効果が有意となったので,テューキーのHSD法を用いて多重比較を行なう。HSDの計算式は次の通りである。k は要

因Aの水準の数 $p=3$，$df_{\text{w.cell}}$ は誤差の自由度 $pq(n-1)=24$，また，有意水準を5％とすると $q_{3,24}=3.53$ である．$MS_{\text{w.cell}}$ は分散分析表に示した誤差の平均平方，n は各セル内のくり返し（被験者）の数である．

$$HSD = q_{k,df_{\text{w.cell}}}\sqrt{\frac{MS_{\text{w.cell}}}{n}} = 3.53\sqrt{\frac{85.7500}{3}} = 18.8726 \qquad (式5\text{-}7)$$

要因Aの水準間で平均差の絶対値を計算し，HSD の値と比較すると以下のようになる．採点返却条件（b_3）においては，高群（a_3）は低群（a_1）と中群（a_2）よりも平均が有意に大きく，採点返却条件（b_4）においては，高群（a_3）が低群（a_1）よりも平均が有意に大きいといえる．

水準 b_3 における要因Aの多重比較：

$|\overline{AB}_{13}-\overline{AB}_{23}|=|46.000-44.667|=1.333 < HSD$,
$|\overline{AB}_{13}-\overline{AB}_{33}|=|46.000-67.667|=21.667 > HSD$,
$|\overline{AB}_{23}-\overline{AB}_{33}|=|44.667-67.667|=23.000 > HSD$

水準 b_4 における要因Aの多重比較：

$|\overline{AB}_{14}-\overline{AB}_{24}|=|36.667-42.667|=6.000 < HSD$,
$|\overline{AB}_{14}-\overline{AB}_{34}|=|36.667-57.667|=21.000 > HSD$,
$|\overline{AB}_{24}-\overline{AB}_{34}|=|42.667-57.667|=15.000 < HSD$

1．単純主効果

要因Bの単純主効果の検定と多重比較

水準 a_i における要因Bの単純主効果の検定を行なう．帰無仮説は以下の通りである．p 個の帰無仮説について検定する．

$$H_0(i) : \mu_{i1} = \mu_{i2} \cdots = \mu_{iq} \quad (i=1,\ 2,\ ...,\ p)$$

帰無仮説 $H_0(i)$ の検定統計量 F は次式を用いて計算する．分子の自由度は $q-1$，分母の自由度は $pq(n-1)$ である．$MS_{\text{w.cell}}$ は誤差の平均平方であり，数値は表5-4の通りである．

$$F = \frac{SS_{\text{B for }ai}/(q-1)}{SS_{\text{w.cell}}/[pq(n-1)]} = \frac{SS_{\text{B for }ai}/(q-1)}{MS_{\text{w.cell}}}$$

ここで，分子は a_i における要因Bの主効果であり，

$$SS_{\text{B for }ai} = \sum_j n(\overline{AB}_{ij}-\overline{A}_i)^2 = \frac{1}{n}\sum AB_{ij}^2 - \frac{A_i^2}{nq}$$

である．要因Bの単純主効果を検定するための F 値は以下の通りである．

水準 a_1 における要因Bの単純主効果：

$$SS_{\text{B for }a1} = \frac{1}{3}(135^2 + 106^2 + 138^2 + 110^2) - \frac{489^2}{3 \times 4} = 274.9167$$

$$F = \frac{274.9167/(4-1)}{85.7500} = 1.0687$$

水準 a_2 における要因Bの単純主効果：

$$SS_{\text{B for }a2} = \frac{1}{3}(110^2 + 121^2 + 134^2 + 128^2) - \frac{493^2}{3 \times 4} = 106.2500$$

$$F = \frac{106.2500/(4-1)}{85.7500} = 0.4130$$

水準 a_3 における要因Bの単純主効果：

$$SS_{\text{B for }a3} = \frac{1}{3}(101^2 + 96^2 + 203^2 + 173^2) - \frac{573^2}{3 \times 4} = 2824.2500$$

$$F = \frac{2824.2500/(4-1)}{85.7500} = 10.9786$$

F値の自由度はいずれも3と24であり，有意水準5％のFの臨界値は3.01である。水準 a_3 で計算した値10.9786はこれより大きいので，水準 a_3 における要因Bの単純主効果が5％水準で有意といえる。

2．多重比較

水準 a_3 において要因Bの多重比較を行なう。比較する平均の個数は要因Bの水準の数になるので，$k=4$ とする。誤差の自由度は $df_{\text{w.cell}} = pq(n-1) = 24$ である。有意水準を5％とすると，巻末付表3-A より $q_{4,24} = 3.901$ である。$MS_{\text{w.cell}}$ と n は（式5-7）と同じである。

$$HSD = q_{k,df_{\text{w.cell}}}\sqrt{\frac{MS_{\text{w.cell}}}{n}} = 3.901\sqrt{\frac{85.7500}{3}} = 20.8561$$

要因Bの水準間で平均差の絶対値を調べると以下のようになる。この結果，高群（a_3）では，採点返却条件（b_3）と自己採点条件（b_4）の平均が未回収条件（b_1）と回収条件（b_2）の平均よりも有意に大きいといえる。

$$|\overline{AB}_{31} - \overline{AB}_{32}| = |33.667 - 32.000| = 1.667 < HSD$$
$$|\overline{AB}_{31} - \overline{AB}_{33}| = |33.667 - 67.667| = 34.000 > HSD$$
$$|\overline{AB}_{31} - \overline{AB}_{34}| = |33.667 - 57.667| = 24.000 > HSD$$
$$|\overline{AB}_{32} - \overline{AB}_{33}| = |32.000 - 67.667| = 35.667 > HSD$$
$$|\overline{AB}_{32} - \overline{AB}_{34}| = |32.000 - 57.667| = 25.667 > HSD$$
$$|\overline{AB}_{33} - \overline{AB}_{34}| = |67.667 - 57.667| = 10.000 < HSD$$

全セル間の対比較

上記の方法は要因Aの水準を固定したうえで要因Bの多重比較を行ない，要因Bの水準を固定して要因Aの多重比較を行なっている。こうした手順をとるのは，他方の要因の水準が異なるセルの間では平均差に関心がないからである。その一方，交互作用が有意なとき，すべてのセルの間で平均差を検定したいこともある。その場合もテューキーのHSD法を使うことができるが，比較する平均の個数が増えるためにHSDの値が大きくなり，結果的に検定力が小さくなる。以下にHSDの計算式を示すが，kをセルの個数pq，$df_{w.cell}$を誤差の自由度$pq(n-1)$，nをくり返しの数とする。有意水準が5％のとき，$q_{12,24}=5.10$である。

$$HSD=q_{k,df_{w.cell}}\sqrt{\frac{MS_{w.cell}}{n}}=5.10\sqrt{\frac{85.750}{3}}=27.2663$$

この結果，AB_{33} が AB_{12}，AB_{14}，AB_{21}，AB_{22}，AB_{31}，AB_{32} よりも有意に大きいといえる。先の多重比較で有意となった対のうち，この多重比較で有意とならなかったセルの対が5組ある。検出力が小さくなることが実感されよう。

主効果の多重比較

基本例題1は交互作用が有意であるから，主効果が有意であっても，他の要因を無視して当該の要因の多重比較を行なう必要はない。仮に多重比較を行なっても主効果の解釈はむずかしい。そのため，ここでは多重比較の計算手順を示すことを目的として数値例を示す。

1．要因Aの多重比較

HSD の計算には次式を使う。kは要因Aの水準数p，$df_{w.cell}$は誤差の自由度$pq(n-1)$である。

$$HSD=q_{k,df_{w.cell}}\sqrt{\frac{MS_{w.cell}}{nq}}=3.53\sqrt{\frac{85.7500}{3\times 4}}=9.4363$$

2．要因Bの多重比較

HSD の計算には次式を使う。kは要因Bの水準数q，$df_{w.cell}$は誤差の自由度$pq(n-1)$である。

$$HSD=q_{k,df_{w.cell}}\sqrt{\frac{MS_{w.cell}}{np}}=3.90\sqrt{\frac{85.7500}{3\times 3}}=12.0382$$

5 くり返しの数が不ぞろいの場合(被験者の人数が群により異なる場合)

　セル間でくり返しの数を不ぞろいにして2要因の分散分析を行なうと，全平方和を一意に分解することができない。そのため，従来から簡便法として，非加重平均（unweighted mean；重みをかけない平均）法が利用されてきた。統計ソフトウェアがなくても実行できる方法である。ここでは，基本例題1の5個の観測値（$X_{112(51)}$，$X_{143(39)}$，$X_{221(38)}$，$X_{231(44)}$，$X_{343(56)}$）を欠損値として扱い，群により被験者数が異なる場合における非加重平均法の計算手順を示す。

　要因Aと要因Bの水準の数をそれぞれpとq，セルab_{ij}におけるくり返しの数（データの数）をn_{ij}，セルab_{ij}の平均を$\overline{AB}_{ij}$とする。

　まず，次式を用いてくり返しの数の調和平均$\tilde{n}$を求める。

$$\tilde{n}=\frac{pq}{\sum_i\sum_j\frac{1}{n_{ij}}}=\frac{12}{\frac{1}{2}+\frac{1}{3}+\frac{1}{3}+\cdots+\frac{1}{2}}=2.4828$$

さらに，修正項Kを計算しておく。

$$K=\frac{\tilde{n}G^2}{pq}$$
$$=\frac{2.4828(42.000+35.333+\cdots+67.667+58.500)^2}{12}=55195.3923$$

そして，この値を用いて順に平方和を計算していくと以下のようになる。

$$SS_A=\frac{\tilde{n}\sum A_i^2}{q}-K$$
$$=\frac{2.4828(158.833^2+165.834^2+191.834^2)}{4}-55195.3923=375.3331$$

$$SS_B=\frac{\tilde{n}\sum B_j^2}{q}-K$$
$$=\frac{2.4828(112.334^2+108.833^2+158.667^2+136.667^2)}{3}-55195.3923$$
$$=1343.4550$$

$$SS_{AB}=\tilde{n}\sum\overline{AB}_{ij}^2-K-(SS_A+SS_B)$$
$$=2.4828(42.000^2+35.333^2+\cdots+67.667^2+58.500^2)-55195.3923$$
$$\quad-(375.3331+1343.4550)$$
$$=1330.8240$$

$$SS_{\text{w.cell}}=\sum_i\sum_j(\sum_k X_{ijk}^2-n_{ij}\overline{AB}_{ij}^2)$$
$$=36^2+48^2+41^2+\cdots+56^2+61^2$$

$$-(2\times42.000^2+3\times35.333^2+\cdots+2\times58.500^2)$$
$$=1982.5427$$

くり返しの数が不ぞろいのとき，個々の測定値に基づいて直に計算した平方和の値が $SS_A+SS_B+SS_{AB}+SS_{w.cell}$ の値とは一致しないので，分散分析表の全平方和の欄は空白のままでよい。

主効果と交互作用の自由度は表5-2と同様であるが，誤差の自由度は，
$$df_{w.cell}=\Sigma\Sigma n_{ij}-pq=31-12=19$$
である。分散分析表は表5-5である。要因Bの主効果が5％水準で有意である。

交互作用の有無に応じて事後分析を実行する。くり返しの数として調和平均 $\tilde{n}$ を用い，本章4節で説明した手順に従う。

交互作用が有意であるときの事後分析

基本例題1は交互作用が有意ではないが，計算の手順を示すために数値例を示す。

1. 単純主効果の検定と多重比較

水準 b_j における要因Aの単純主効果の検定に必要な検定統計量 F は次式の通りである。$MS_{w.cell}$ は誤差の平均平方である。分子の自由度は $p-1$，分母の自由度は $\Sigma\Sigma n_{ij}-pq$ である。

$$F=\frac{SS_{A\ for\ b_j}/(p-1)}{SS_{w.cell}/(\Sigma\Sigma n_{ij}-pq)}=\frac{SS_{A\ for\ b_j}/(p-1)}{MS_{w.cell}}$$

ここで，分子の $SS_{A\ for\ b_j}$ は b_j における要因Aの平方和で，

$$SS_{A\ for\ b_j}=\sum_i \tilde{n}(\overline{AB}_{ij}-\overline{B}_j)^2=\tilde{n}\left(\sum_i \overline{AB}_{ij}^2-\frac{(\Sigma\overline{AB}_{ij})^2}{p}\right)$$

である。たとえば，要因Aの単純主効果を検定する F 値は，

$$SS_{A\ for\ b_1}=2.4828\left(42.000^2+36.667^2+33.667^2-\frac{112.334^2}{3}\right)=88.4537$$

$$F=\frac{88.4537/(3-1)}{104.3444}=0.4239$$

●表5-5　くり返しの数が不ぞろいのときの分散分析表

変動因	平方和（SS）	自由度（df）	平均平方（MS）	F	p
要因A（テスト不安）	375.3331	2	187.6666	1.7985	n.s.
要因B（採点方法）	1343.4550	3	447.8183	4.2917	<.05
交互作用 AB	1330.8240	6	221.8040	2.1257	n.s.
誤差（error）	1982.5427	19	104.3444		
全体（total）		30			

となる。自由度は2と19であるが，$F<1$ なので，F分布表を参照するまでもなく，単純主効果は有意ではない。

また，水準 a_i における要因Bの単純主効果を検定するための検定統計量Fは次式の通りである。$MS_{\text{w.cell}}$ は誤差の平均平方である。分子の自由度は $q-1$，分母の自由度は $\sum\sum n_{ij}-pq$ である。

$$F=\frac{SS_{\text{B for }ai}/(q-1)}{SS_{\text{w.cell}}/(\sum\sum n_{ij}-pq)}=\frac{SS_{\text{B for }ai}/(q-1)}{MS_{\text{w.cell}}}$$

ここで，分子の $SS_{\text{B for }ai}$ は a_i における要因Bの平方和で，

$$SS_{\text{B for }ai}=\sum_j \tilde{n}\,(\overline{AB}_{ij}-\overline{A}_i)^2=\tilde{n}\left(\sum_j AB_{ij}^2-\frac{A_i^2}{q}\right)$$

である。たとえば a_3 におけるF値は以下の通りである。有意水準1％で単純主効果が有意といえる。

$$SS_{\text{B for }a3}=2.4828\left(33.667^2+32.000^2+67.667^2+58.500^2-\frac{191.834^2}{4}\right)$$

$$=2379.6866$$

$$F=\frac{2379.6866/(4-1)}{104.3444}=7.6020$$

2．多重比較

単純主効果が有意なときに用いる HSD の計算式は次の通りである。k は，要因Aの多重比較を行なうときが p，要因Bの多重比較を行なうときが q，$df_{\text{w.cell}}$ はいずれの場合も誤差の自由度 $\sum\sum n_{ij}-pq$ である。$\tilde{n}$ はくり返しの数の調和平均である。

$$HSD=q_{k,df_{\text{w.cell}}}\sqrt{\frac{MS_{\text{w.cell}}}{\tilde{n}}}$$

具体的には，要因Aの場合は，

$$HSD=3.59\sqrt{\frac{104.3444}{2.4828}}=23.2733$$

また，要因Bの場合は，

$$HSD=3.98\sqrt{\frac{104.3444}{2.4828}}=25.8016$$

である。交互作用が有意で，さらに単純主効果が有意となったときは，このHSDの値に基づいてセル間の平均差を検定することになる。結果を次に示す。

$|\overline{AB}_{31} - \overline{AB}_{32}| = |33.667 - 32.000| = 1.667 < HSD$
$|\overline{AB}_{31} - \overline{AB}_{33}| = |33.667 - 67.667| = 34.000 > HSD$
$|\overline{AB}_{31} - \overline{AB}_{34}| = |33.667 - 58.500| = 24.833 < HSD$
$|\overline{AB}_{32} - \overline{AB}_{33}| = |32.000 - 67.667| = 35.667 > HSD$
$|\overline{AB}_{32} - \overline{AB}_{34}| = |32.000 - 58.500| = 26.500 > HSD$
$|\overline{AB}_{33} - \overline{AB}_{34}| = |67.667 - 58.500| = 9.167 < HSD$

主効果の多重比較　主効果が有意となった場合は他方の要因を無視して主効果の多重比較を行なう。HSD の計算式は次の通りである。k は比較する平均の数であるから、要因Aの場合は水準数 p、要因Bの場合は水準数 q である。

要因Aの場合、

$$HSD = q_{k,df_{w.cell}} \sqrt{\frac{MS_{w.cell}}{q\tilde{n}}} = 3.59 \sqrt{\frac{104.3444}{4 \times 2.4228}} = 11.6367$$

また、要因Bの場合、

$$HSD = q_{k,df_{w.cell}} \sqrt{\frac{MSE}{p\tilde{n}}} = 3.98 \sqrt{\frac{104.3444}{3 \times 2.4828}} = 14.8966$$

である。要因Bは主効果が有意であったから、水準間で平均差をくらべてみると以下のようになる。

$|\overline{B}_1 - \overline{B}_2| = |37.445 - 36.278| = 1.167 < HSD$
$|\overline{B}_1 - \overline{B}_3| = |37.445 - 52.889| = 15.444 > HSD$
$|\overline{B}_1 - \overline{B}_4| = |37.445 - 45.556| = 8.111 < HSD$
$|\overline{B}_2 - \overline{B}_3| = |36.278 - 52.889| = 16.611 > HSD$
$|\overline{B}_2 - \overline{B}_4| = |36.278 - 45.556| = 9.278 < HSD$
$|\overline{B}_3 - \overline{B}_4| = |52.889 - 45.556| = 7.333 < HSD$

ところで、非加重平均法はあくまでも簡易的な方法であり、数理的に優れた手法が他にある。そうした手法を統計ソフトウェアで利用できる場合は非加重平均法を利用する必要はない。ただし、平方和を分解する方法にもいくつかあり、どれが最良の方法とは一概にいえない。

⑥ 乱塊法

次の基本例題2を考える。「コーヒーカップの上品さを評定する」というこ

とに関して梁瀬（1978），長町（1989）を参考にした。

◆基本例題2◆

コーヒーカップの上品さの要因を探るために，2種類の形（円筒形とチューリップ型）と3種類の色（白，赤，紫）とを組み合わせて6種類のコーヒーカップを造った。30名の被験者を集めたが，群内で美的センスが均一となるように5群へ分類した。そして，一人の被験者に色と形のどれか1つの組み合わせでコーヒーカップ（複数個）を提示し，上品さの評定を求めた（仮想実験）。分散分析法を用いて形の主効果，色の主効果，形と色の交互作用を検証しなさい。

●表5-6　コーヒーカップの上品さの評定値

要因A		ブロック	要因B（色）			
			b_1(白)	b_2(赤)	b_3(紫)	
	a_1 （円筒形）	BL_1	16	13	9	
		BL_2	17	11	14	
		BL_3	18	15	13	$\bar{A}_1=246/15$
		BL_4	23	18	15	$=16.40$
		BL_5	25	20	19	
	a_2 （チューリップ型）	BL_1	18	12	13	
		BL_2	25	19	15	
		BL_3	23	21	17	$\bar{A}_2=299/15$
		BL_4	21	25	20	$=19.93$
		BL_5	27	20	23	
			$\bar{B}_1$ $=21.30$	$\bar{B}_2$ $=17.40$	$\bar{B}_3$ $=15.80$	$\bar{G}=545/30$ $=18.17$

被験者の美的センスのように，実験結果に影響すると考えられる変数のうち，実験計画の要因として組み込まれていない変数を剰余変数とよぶ。そして剰余変数の値が等質となるように群分けされてできたものをブロックという。この実験では5つの被験者群がブロックで，1つのブロックの大きさ（被験者数）は6である。被験者のブロック化は剰余変数を統制するための1つの方法であり，ブロック化を利用した実験計画を乱塊法という。乱塊法はブロック内の被験者が無作為にどれか1つのセルへ配当されているので，表面的には要因A

（形）と要因B（色）が被験者間の要因であるが，作成すべき分散分析表が表5-2と異なる。

乱塊法に基づく分散分析表

ここでは，ブロックと他の要因との交互作用がないものと仮定して分散分析表を作成する（廣津，1983）．作成する分散分析表を表5-7，例題の分散分析表を表5-8に示す．ブロック要因は検定の対象にならないので，ブロックのF値とp値は空欄のままとする．

X_{ijk} をセル ab_{ij} における k 番目のブロック BL_k の測定値とする．全体の平方和 SS_total，要因Aの平方和 SS_A，要因Bの平方和 SS_B，交互作用の平方和 SS_AB，さらに，それぞれの自由度と平均平方は表5-2とまったく同様である（表5-7）．このため，以下ではブロック平方和 SS_blocks と誤差平方和 SS_error の計算方法を示す．

ブロックの平方和 SS_blocks は，次式を用いて計算する．

$$SS_\text{blocks} = pq \sum_k (\overline{B}_k - \overline{G})^2 = \frac{1}{pq}\sum_k B_k^2 - \frac{G^2}{pq} \quad \text{（式 5-8）}$$

$$= \frac{1}{6}(81^2 + 101^2 + 107^2 + 122^2 + 134^2) - \frac{545^2}{30} = 274.3333$$

●表 5-7　乱塊法のための分散分析表

変動因	平方和（SS）	自由度（df）	平均平方（MS）	F	p
要因A（形）	SS_A	df_A	MS_A	$MS_\text{A}/MS_\text{error}$	
要因B（色）	SS_B	df_B	MS_B	$MS_\text{B}/MS_\text{error}$	
交互作用AB	SS_AB	df_AB	MS_AB	$MS_\text{AB}/MS_\text{error}$	
ブロック	SS_blocks	df_blocks	MS_blocks		
誤差（error）	SS_error	df_error	MS_error		
全体（total）	SS_total	df_total			

●表 5-8　基本例題2の分散分析表

変動因	平方和（SS）	自由度（df）	平均平方（MS）	F	p
要因A（形）	93.6333	1	93.6333	19.7401	<.01
要因B（色）	160.0667	2	80.0333	16.8729	<.01
交互作用AB	1.2667	2	0.6333	0.1335	n.s.
ブロック	274.3333	4	68.5833		
誤差（error）	94.8667	20	4.7433		
全体（total）	624.1667	29			

ここで，K は（式5-5）の修正項，B_K は次式に示すブロックの総和である。

$$B_K = \sum_i \sum_j X_{ijk}$$

誤差の平方和 SS_error は（式5-6）から（式5-8）を引いた値，つまり，

$$SS_\text{error} = （式5-6） - SS_\text{blocks} = 369.2000 - 274.3333 = 94.8667$$

となる。

また，ブロックの自由度 df_blocks と誤差の自由度 df_error は次式である。

$$df_\text{blocks} = n - 1 = 4$$
$$df_\text{error} = pq(n-1) - (n-1) = (pq-1)(n-1) = 20$$

続いて，平方和を自由度で割り，平均平方を求める。平均平方はそれぞれブロック効果と誤差の不偏分散である。

$$MS_\text{blocks} = \frac{SS_\text{blocks}}{df_\text{blocks}} = \frac{274.3333}{4} = 68.5633$$

$$MS_\text{error} = \frac{SS_\text{error}}{df_\text{error}} = \frac{94.8667}{20} = 4.7433 \qquad \text{(式5-9)}$$

F 値の計算式を以下に示す。分母はすべて誤差の平均平方 MS_error である。

要因Aの主効果：$F = \dfrac{MS_\text{A}}{MS_\text{error}} = \dfrac{93.6333}{4.7433} = 19.7401$

要因Bの主効果：$F = \dfrac{MS_\text{B}}{MS_\text{error}} = \dfrac{80.0333}{4.7433} = 16.8729$

交 互 作 用：$F = \dfrac{MS_\text{AB}}{MS_\text{error}} = \dfrac{0.6333}{4.7433} = 0.1335$

F 値の自由度は，要因Aが p と $(pq-1)(n-1)$，要因Bが q と $(pq-1)(n-1)$，交互作用が $(p-1)(q-1)$ と $(pq-1)(n-1)$ である。検定の結果，要因Aと要因Bの主効果が1％水準で有意，交互作用が有意ではない（表5-8）。

事後分析　本章4節で説明した事後分析の手順をそのまま利用することができる。ただし，誤差の平均平方 $MS_\text{w.cell}$ のかわりに（式5-9）の MS_error を用いる。

　この例題は主効果のみが有意であるから，要因Aと要因Bの多重比較が必要である。しかし，要因Aには2つの水準しかないので，多重比較をわざわざ行なう必要はない。平均値から，チューリップ型（a_2）のほうが有意に上品だと評定されていることがわかる。一方，要因Bは3つの水準があるので，多重比較を行なう。以下にそれを示す。

1. 要因Bの多重比較

HSD の計算には次式を使う。k は要因Bの水準数 q，df_{error} は誤差の自由度 $(pq-1)(n-1)$ である。有意水準を5％とすると，$q_{3,20}=3.58$ である。

$$HSD = q_{k, df_{\text{error}}}\sqrt{\frac{MS_{\text{error}}}{pn}} = 3.58\sqrt{\frac{4.7433}{2\times 5}} = 2.466$$

要因Bの水準間の平均差は以下の通りである。

$|\bar{B}_1 - \bar{B}_2| = |21.30 - 17.40| = 3.90 > HSD$

$|\bar{B}_1 - \bar{B}_3| = |21.30 - 15.80| = 5.50 > HSD$

$|\bar{B}_2 - \bar{B}_3| = |17.40 - 15.80| = 1.60 < HSD$

以上をまとめると，チューリップ型（a_2）のほうが円筒形（a_1）よりも上品だと評定され，白（b_1）は赤（b_2）と紫（b_3）よりも上品だと評定されている，というのが結論である。

ところで，この実験は美的センスを取り上げて被験者のブロック化を行なったが，この他に実験要因と交絡する剰余変数がないことを前提としている。しかし，仮に剰余変数のひとつとして食器に対する日常的な関心度があり，関心度の高い被験者がたまたま水準 a_2（チューリップ型）に多く配当されいたとしたら，チューリップ型という形が円筒形よりも上品だと評定される傾向にあったとは言い切れない。なぜなら，食器に対する関心度の高い被験者が，どのような形に対しても上品だと評定する傾向があるかもしれないからである。このことからわかるように，被験者をブロック化する場合は剰余変数に十分な配慮が必要となる。

7 枝分かれ配置

母数模型と変量模型

基本例題1で設定した4つの採点方法は無数にある採点方法から無作為に選んだ採点方法，ということではない。実験者は最良の採点方法を探るために4つの採点方法を意図的に選んでいる。このように，設定された水準に絶対的な意味があるとき，その要因を母数因子，その構造モデルを母数模型（固定模型）という。母数模型は主効果が定数とみなされ，水準間の差に意味がある。先の基本例題1と基本例題2は2つの要

因とも母数因子である。一方，無数の水準の中から，たまたまいくつかの水準を選んでいるとき，その要因を変量因子，その構造モデルを変量模型という。変量模型は主効果を確率変数とみなすので，主効果の分散の推定に意味があり，水準間の差を考えても意味がない。また，母数模型と変量模型とを合わせた要因計画もあり，混合模型という。

枝分かれ配置の分散分析

ここで，基本例題3を考える。この調査は特定の3学部間で平均成績の違いを調べるのが目的であるから，要因Aは母数因子である。一方，6つのクラスはたくさんのクラスから無作為に選択されているので，要因Bは変量因子である。

◆基本例題3◆

ある大学は全学一斉語学試験を実施している。3学部間の違いを調べるために，3学部からそれぞれ2クラスを無作為に選び，クラスごとに3名の成績を調べた（仮想調査）。3学部の成績に差があるかどうかを分散分析法を用いて調べなさい。

●表5-9　18名の学生の試験成績

		被験者	要因B（クラス）		
			b_1(クラス1)	b_2(クラス2)	
要因A（学部）	a_1（学部1）	1	157	144	
		2	139	158	$\bar{A}_1$=900/6
		3	153	149	=150.000
	a_2（学部2）	1	130	129	
		2	150	127	$\bar{A}_2$=810/6
		3	138	136	=135.000
	a_3（学部3）	1	135	137	
		2	132	133	$\bar{A}_3$=822/6
		3	129	156	=137.000
			$\bar{B}_1$=1263/9 =140.333	$\bar{B}_2$=1269/9 =141.000	$\bar{G}$=2532/18 =140.667

このデータはセルごとに被験者が異なるので，学部とクラスは被験者間の要因である。ところが，図5-3のように，この調査は要因Aの水準として最初に

第2部 要因計画法の手順

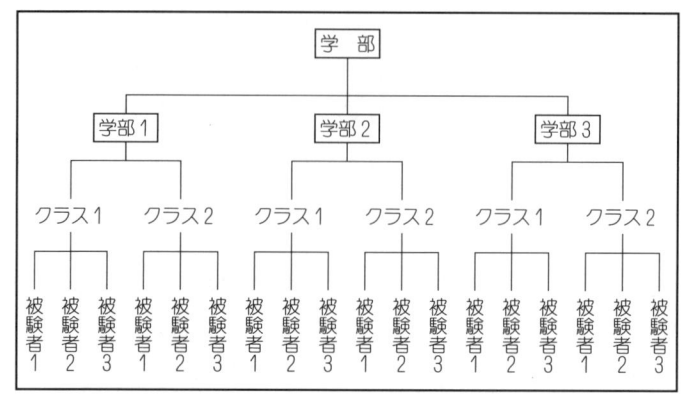

5章 被験者間2要因計画

● 図 5-3 2つの要因と被験者の関係（枝分かれ配置の模式図）

● 表 5-10 枝分かれ配置の分散分析表

変動因	平方和（SS）	自由度（df）	平均平方（MS）	F	p
要因A	SS_A	df_A	MS_A	$MS_A/MS_{w.cell}$ または $MS_A/MS_{B(A)}$	
要因B(A)	$SS_{B(A)}$	$df_{B(A)}$	$MS_{B(A)}$	$MS_{B(A)}/MS_{w.cell}$	
誤差（error）	$SS_{w.cell}$	$df_{w.cell}$	$MS_{w.cell}$		
全体（total）	SS_{total}	df_{total}			

学部を配当し，その学部内で要因B（クラス）の水準を選択している。そのため，表 5-9 では要因Bの水準をクラス1とクラス2として表示しているが，同じクラス1となっていても学部間で対応があるわけではない。このように，要因A（学部）を被験者間要因とし，さらに，相互にまったく対応しない水準を要因B（クラス）へ配当する計画を枝分かれ配置（nested design）とよぶ。そして，要因B（クラス）が要因A（学部）にネストされている，あるいは入れ子になっている，という。枝分かれ配置の検定に必要な分散分析表を表 5-10 に，また検定手順を以下に示す。

検定統計量の計算

1．分散分析表

p を要因Aの水準数，q を要因Bの水準数，n をくり返しの数（ここでは各クラスの人数），X_{ijk} をセル ab_{ij} における k 番目の被験者の値とする。これと表 5-3 の記号を用いて，全体の平方和 SS_{total}，要因Aの平

方和 SS_A，要因Bの平方和 $SS_{B(A)}$，誤差平方和 $SS_{w.cell}$ を次のように定義する。枝分かれ配置は要因Bの変動が要因A内での変動になるので，そのことを示すために要因Bの変動を一般に B(A) と記す。

$$SS_{total} = \sum (X_{ijk} - \overline{G})^2 = \sum X_{ijk}^2 - K = 1906.0000$$

$$SS_A = \sum (\overline{A}_i - \overline{G})^2 = \frac{1}{qn}\sum A_i^2 - K = 796.0000$$

$$SS_{B(A)} = \sum\sum (\overline{AB}_{ij} - \overline{A}_i)^2 = \frac{1}{n}\sum\sum AB_{ij}^2 - \frac{1}{qn}\sum A_i^2 = 263.3333$$

$$SS_{w.cell} = \sum\sum (X_{ijk} - \overline{AB}_{ij})^2 = \sum X_{ijk}^2 - \frac{1}{n}\sum\sum AB_{ij}^2 = 846.6667$$

ここで，Kは次式に示す修正項である。

$$K = \frac{G^2}{pqn} = \frac{2532^2}{18} = 356168.0000$$

定義式からわかるように，SS_{total}，SS_A，$SS_{w.cell}$ は表 5-2 とまったく同様である。したがって，要因Bの平方和 $SS_{B(A)}$ は，表 5-2 の要因Bの平方和 SS_B と交互作用の平方和 SS_{AB} を加えた値に一致する。

自由度は以下の通りである。

$$df_A = p - 1 = 3 - 1 = 2$$
$$df_{B(A)} = p(q-1) = 3(2-1) = 3$$
$$df_{w.cell} = pq(n-1) = 3 \times 2(3-1) = 12$$
$$df_{total} = pqn - 1 = 3 \times 2 \times 3 - 1 = 17$$

要因Aの主効果を検定するためのF値は要因Bの検定結果に応じて異なる。そのため，最初に要因Bを検定しておく。その検定統計量を次式に示す。

$$F = \frac{MS_{B(A)}}{MS_{w.cell}} = \frac{87.7778}{70.5556} = 1.2441$$

要因Bの主効果は5％水準で有意とはいえないので，学部内のクラス間変動は認められない。

続いて要因Aの主効果の検定であるが，要因Bが有意ではないから，F値の計算には次式を用いる。

$$F = \frac{MS_A}{MS_{w.cell}} = \frac{398.0000}{70.5556} = 5.6409$$

ここで，分子の自由度が2，分母の自由度が12である。要因Aの主効果は5％水準で有意となり，3学部の間で平均差が認められる。以上の結果を表 5-11 のようにまとめる。なお，要因Bが有意なとき（クラス間変動があるとき），

●表 5-11　基本例題 3 の分散分析表

変動因	平方和(SS)	自由度(df)	平均平方(MS)	F	p
要因 A（学部）	796.0000	2	398.0000	5.6409	<.05
要因 B(A)	263.3333	3	87.7778	1.2441	n.s.
誤差（error）	846.6667	12	70.5556		
全体（total）	1906.0000	17			

要因 A の F 値は次式で定義される。自由度は p と $p(q-1)$ である。

$$F = \frac{MS_a}{MS_{b(a)}} = \frac{398.0000}{87.7778} = 4.5342$$

2．多重比較

要因 A は母数モデルであり，しかも主効果が有意となったので多重比較を行なう。HSD の計算式は，要因 B(A) が有意ではないとき，

$$HSD = q_{k, df_{\text{w.cell}}} \sqrt{\frac{MS_{\text{w.cell}}}{qn}} = 3.77 \sqrt{\frac{70.5556}{6}} = 12.9280$$

である。k を要因 A の水準数 p，$df_{\text{w.cell}}$ を誤差の自由度 $pq(n-1)$ とする。この結果，学部 1 が学部 2 と学部 3 よりも平均点が大きいといえる。

また，要因 B(A) が有意なときは，

$$HSD = q_{k, df_{\text{w.cell}}} \sqrt{\frac{MS_{B(A)}}{qn}}$$

である。k を要因 A の水準数 p，$df_{\text{w.cell}}$ を要因 B(A) の自由度 $p(q-1)$ とする。

ところで，仮にたくさんの学部からたまたま 3 つの学部が無作為に選択されていたとしよう。すると，要因 A も変量因子になる。この場合も計算手順はまったく表 5-9 と同一であるが，多重比較を行なう必要はない。学部間の平均成績に差がある，という結論で終わる。

なお，ここでは素点をそのまま計算に用いたが，測定値を線形変換してから分散分析を実行しても F 値は変わらない。したがって，この例題では，筆算をするなら，計算の前に素点から定数（たとえば 100）を引いたほうが楽であろう。

> **演習問題**
>
> 交友関係における相互理解の活動量を調べた（仮想調査）。学校差，性差，学校と性の交互作用を調べなさい。
>
> 相互理解の活動量
>
> | | | 学校 | | |
> | --- | --- | --- | --- | --- |
> | | | 中学 | 高校 | 大学 |
> | 性別 | 男 | 27 | 23 | 24 |
> | | | 19 | 30 | 33 |
> | | | 21 | 19 | 28 |
> | | 女 | 30 | 29 | 37 |
> | | | 21 | 22 | 32 |
> | | | 23 | 23 | 30 |

引用文献

榎本淳子　1999　青年期における友人の活動と友人に対する感情の発達的変化　教育心理学研究, **47**, 180-190.
廣津千尋　1983　統計的データ解析　日本規格協会
長町三生　1989　感性工学　海文堂
梁瀬度子　1978　コーヒーカップのデザインの心理評価に関する研究　人間工学, **14**(6), 327-334.

参考文献

岩原信九郎　1965　教育と心理のための推計学（新訂版）　日本文化科学社
森　敏昭・吉田寿夫(編著)　1990　心理学のためのデータ解析テクニカルブック　北大路書房

演習問題の解答

この演習問題は 2 要因とも母数因子と考えることができる。以下に分散分析表，単純効果の検定，多重比較の結果を示す。

演習問題の分散分析表

変動因	平方和（SS）	自由度（df）	平均平方（MS）	F	p
学校	184.3333	2	92.1667	4.6732	<.05
性別	29.3889	1	29.3889	1.4901	n.s.
学校×性別	12.1111	2	6.0556	0.3070	n.s.
誤差（error）	236.6667	12	19.7222		
全体（total）	462.5000	17			

単純効果の検定

交互作用が有意ではないから，単純効果の検定を行なわない。

多重比較

交互作用が有意ではなく，学校の主効果が有意であるから，学校の多重比較を行なう。HSD の値は有意水準を 5 ％とすると，

$$HSD = q_{k, df\text{w.cell}} \sqrt{\frac{MS_{\text{w.cell}}}{qn}} = 3.77 \sqrt{\frac{19.7222}{2 \times 3}} = 6.8350$$

となり，中学と大学との間で有意差がみられる。なお，作問にあたり榎本（1999）を参考にした。

コラム④ 要因計画を使った研究が掲載される心理学雑誌

　読者の中には，卒業論文などで要因計画を用いた研究を扱う人がいると思われる。その際，学術雑誌を検索する必要が生じる。では，どんな雑誌を見ればよいのだろうか。以下に，読者が比較的目にしやすいものを紹介したい。

〈国内の雑誌〉

　わが国で発行されている学術雑誌としては，「心理学研究」，「教育心理学研究」，「発達心理学研究」，「基礎心理学研究」，「認知科学」，「実験社会心理学研究」などが有名である。「心理学研究」にはあらゆる分野の研究が掲載されているが，その中でも認知，知覚などに関する研究が多い。「教育心理学研究」には，小・中・高・大学生を被験者とした研究が多く掲載されている。扱う内容は幅広いが，その多くは何らかの形で教育場面に絡んでいる。「発達心理学研究」には，乳幼児〜老人にいたるまでを対象とした研究が掲載されている。そのうち，要因計画に関連する研究としては，子どもの認知発達（たとえば，ことばの獲得）関連の分野などがあげられる。「基礎心理学研究」には，知覚・認知や，動物を対象とした研究が掲載されている。実験論文が多いので，要因計画を用いた研究は探しやすい。

　その他，「認知科学」や「実験社会心理学研究」にも，要因計画を用いた研究が掲載されている。

〈海外の雑誌〉

　海外では，アメリカを中心としてたくさんの心理学系学会誌が発行されている。そこで，要因計画が数多く取り上げられ，かつ読者が比較的目にしやすいであろう雑誌に絞って紹介したい。

　Journal of Experimental Psychology は，American Psychological Association が発行している雑誌である。この雑誌では，社会的プロセス，発達プロセスなどを含め，幅広い分野の実験的研究が掲載されている。なお，関連雑誌として，*Journal of Experimental Psychology : Human Perception and Performance*，および *Journal of Experimental Psychology : Learning, Memory and Cognition* がある。前者は知覚やその関連分野，後者は認知，学習，問題解決，言語習得などを扱っている。論文検索の際は，ぜひ参照されたい。

　その他，*Journal of Experimental Social Psychology*，*Journal of Experimental Education*，*Journal of Experimental Child Psychology*，*Journal of Educational Psychology*，*British Journal of Educational Psychology*，*Contemporary Educational Psychology* などの雑誌でも要因計画を用いた研究が数多く扱われている。

（﨑浜秀行）

6章 被験者間・内混合2要因計画

◆基本例題◆

　バンクスとサラパテック（Banks & Salapatek, 1981）は，乳児の視力を，図6-1に示す2つの視野が弁別可能かどうかによって測定した。図6-1の左半分の視野は，輝度がサイン関数にしたがって変化する縞模様であり，右半分の視野は，左半分の視野の平均輝度と等しい灰色の等質な面である。乳児の月齢は1か月，2か月，3か月であり，表6-1に示すデータは，バンクスらが図示している個々の被験者の結果から読みとったものである。例題とするために，各月齢の被験者から5例ずつを抜き出し，さらに，傾向検定を実施する前提を満たすように刺激条件を変更し，その条件に適合するようにデータも改変した。

◉図6-1　乳児の視力測定用の図形
左半分がサイン関数に従って輝度が変化する縞模様，右半分が左半分の平均輝度と等しい灰色の等質視野

基本例題

● 表 6-1　基本例題：各空間周波数における 1，2，3 か月の乳児のコントラスト感度

(Banks & Salapatek, 1981に基づく)

	被験者	空間周波数（cycle/degree）(B)					
		b_1	b_2	b_3	b_4	b_5	
		$.125^a$	$.25^b$	.50	1	2	
乳児の月齢 (A)	1か月 (a_1) 1	20.0	10.0	5.3	2.6	2.3	P_1=40.2
	2	3.6	4.0	3.7	2.7	1.0	P_2=15.0
	3	17.8	16.1	6.0	2.3	1.0	P_3=43.2
	4	2.2	6.8	14.4	2.3	1.0	P_4=26.7
	5	23.4	22.5	23.2	3.7	1.6	P_5=74.4
	2か月 (a_2) 1	1.7	7.0	16.2	3.5	2.1	P_6=30.5
	2	2.5	11.9	11.4	6.7	2.0	P_7=34.5
	3	2.2	5.3	7.1	3.5	2.6	P_8=20.7
	4	3.8	4.4	3.7	1.0	1.0	P_9=13.9
	5	14.6	27.6	18.3	2.3	1.0	P_{10}=63.8
	3か月 (a_3) 1	3.9	7.1	10.8	9.6	2.3	P_{11}=33.7
	2	6.9	6.2	13.7	14.4	5.3	P_{12}=46.5
	3	2.5	5.1	17.4	10.1	6.3	P_{13}=41.4
	4	7.9	14.4	24.9	13.7	5.3	P_{14}=66.2
	5	3.5	8.5	10.1	9.6	3.9	P_{15}=35.6
		116.5	156.9	186.2	88.0	38.7	586.3

a,b：Banks & Salapatek (1981)では，.3 と .15 cycle/degree の空間周波数が呈示されているが，傾向検定の条件を満たすために，呈示された空間周波数の間隔が対数的に等間隔になるようにデータを改変した。.25 cycle/degree におけるデータは，実際に呈示された .3 と .15 cycle/degree で得られたデータ間の直線補完によって求めた。.125 cycle/degree におけるデータは，その補間式を利用して外挿したものである。

図 6-1 の左半分の縞模様に関して，その最大輝度（L_{max}）と最小輝度（L_{min}）の輝度差（$L_{max}-L_{min}$）と，その合計（$L_{max}+L_{min}$）の比 $C=(L_{max}-L_{min})/(L_{max}+L_{min})$ がコントラスト比と定義される。この縞模様と等質な灰色の視野とがちょうど弁別可能なときのコントラスト比の逆数がコントラスト感度とよばれ，視力の測定値となる。この感度を縞模様の空間周波数の関数で示したものが，CSF (contrast sensitivity function) である。今回の例題の CSF を図 6-2 に示す。これを見てわかるように，月齢が上がるにしたがって，最も感度の高

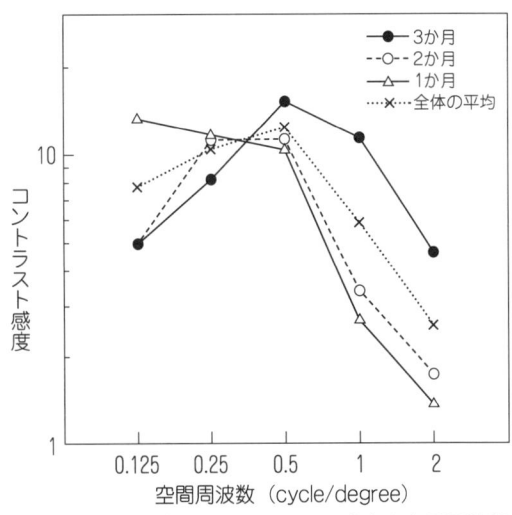

● 図 6-2　月齢ごとにコントラスト感度を空間周波数の関数として示した CSF

(Banks & Salapatek, 1981)

い空間周波数が高いほうにずれているのがわかる。つまり、空間周波数が高くても、縞模様として知覚可能ということは、それだけ視力が高いことを示す。詳しくは、バンクスとサラパテック（1981）を参照してほしい。

この例題では、

1) 月齢に関係なく空間周波数によって、コントラスト感度は異なる
2) 月齢に関係なく空間周波数に対するコントラスト感度（CSF）は逆U字型である
3) 月齢2，3か月では、CSF は逆U字型であるが、月齢1か月では、CSFが逆J字型に近い（したがって、1か月児の感度のピークは、この刺激条件よりもさらに低い空間周波数にある可能性がある）
4) 月齢によって、平均のコントラスト感度が異なる

を検討する。横断研究であるので、月齢が被験者間要因、呈示された縞模様の空間周波数が被験者内要因となり、月齢（3）×空間周波数(5) の分散分析を実施する。

問1) と問2) は、空間周波数の主効果とその傾向検定の結果を、問3) は月齢と空間周波数の交互作用を、問4) は月齢の主効果をみればよい。空間周波数の主効果と月齢と空間周波数の交互作用に関しては、傾向検定も実施し、CSFの逆U字型が月齢で異なるかを検討する。

1 被験者間・内混合2要因計画

被験者間と被験者内の2要因をもつ分散分析は、今までの章で扱ってきた要因計画の応用といえるものである。4章でも述べたように比較的大きな個人差が考えられる実験において、実験条件を被験者内要因とすることにより、個人差による変動が分離され、目的とする処理効果の検出力を高くできることが大きな利点である。一般に心理学実験において個人差はある程度大きいのはやむを得ないので、可能ならば、実験条件を被験者内要因とするほうが実験における処理効果を検出するには有利である。

しかし、このような利点とひきかえに、計算手順が複雑になってしまうという欠点もある。これは、3章の被験者間1要因計画における計算手順と、4章

② 被験者間要因×被験者内要因の2要因分散分析

の被験者内1要因計画の計算手順とを比較してわかるように，被験者を要因と扱って，被験者の効果（個人差）による変動成分を計算するので，要因が一つ増えたのと同様の計算量が必要になることによる。

　また，4章でも述べたように，実験条件の呈示順の効果，疲労の効果など，同一被験者に条件を変えてくり返し実施することからくる，実験処理以外の効果について注意しなければならない。呈示順の効果などは，その呈示順を被験者ごとにカウンターバランスするなどの工夫が必要となる。

　この被験者間・内混合2要因計画における被験者間要因は，3，5章の説明からわかるように，性別や年齢などによる被験者の群分けであったり，同一被験者にくり返し行なえないような条件に被験者を割り当てるような場合である。一方，被験者内要因は，その要因のレベルを同一被験者にくり返し与えるものである。最も簡単な例は事前テストと事後テストである。基本例題では，月齢が被験者間要因であり，呈示される縞模様の空間周波数が被験者内要因である。

② 被験者間要因×被験者内要因の2要因分散分析

原理と基本的計算手順

　被験者間要因Aと被験者内要因Bとの2要因の分散分析における構造モデルは（式6-1）のようになる。

$$X_{ijk} = \mu + \alpha_i + \pi_{k(i)} + \beta_j + \alpha\beta_{ij} + \beta\pi_{jk(i)} + \varepsilon_{m(ijk)} \quad (式6\text{-}1)$$

ただし，

　μ：母平均
　α_i：A_i の効果
　β_j：B_j の効果
　$\alpha\beta_{ij}$：A_i と B_j の交互作用効果
　$\pi_{k(i)}$：A_i と結合した被験者 k の個人差効果
　$\beta\pi_{jk(i)}$：A_i と B_j の交互作用と結合した被験者 k の個人差効果
　$\varepsilon_{m(ijk)}$：A_i，B_j，被験者 k の組み合わせにおける誤差（残差）
　　なお，添字 m は，この誤差が個々の被験者内に結合していることを示すために導入された仮りの変数（ダミー変数）である。
　$i=1, 2, \cdots, p$　　$j=1, 2, \cdots, q$　　$k=1, 2, \cdots, pn_i$
　　ただし n_i は，被験者間要因であるAの各条件での人数

　5章の構造モデルと比較するとわかるように，個人の効果 π と個人と被験者内要因の交互作用である $\beta\pi$ がつけ加わっている。この2つの効果による変

動分を，測定値Xの変動から分離することで，独立変数（実験操作あるいは処理）の効果の検定力が高まることになる。また，今までの章でもふれられているように，この構造モデルでは各効果の間には相関がなく，直交している。

分散分析は，全体の分散 SS_{total} を各要因による分散と誤差分散に分割する。被験者間・内混合2要因分散分析では，全分散 SS_{total} は，まず大きく，被験者間要因による分散 $SS_{between\ subjects}$ と被験者内要因による分散 $SS_{within\ subjects}$ とに分けられる。さらに，各分散は（式6-2）に示されるように，各要因とそれらの交互作用，個人による分散と被験者間要因と個人の交互作用による分散に分割される。

$$SS_{total} = \overbrace{SS_A + SS_{subj.\ w.\ groups}}^{SS_{between\ sbjects}} + \overbrace{SS_B + SS_{AB} + SS_{B \times subj.\ w.\ groups}}^{SS_{within\ subjects}} \quad \text{(式6-2)}$$

5章の被験者間2要因分散分析では，$SS_{subj.\ w.\ groups}$ と $SS_{B \times subj.\ w.\ groups}$ がひとつの誤差項（$SS_{within\ cell}$）にまとめられ，個人差による変動を分割していないことがわかる。このことが，被験者間2要因分散分析より被験者間・内混合2要因の分散分析の検定力が高いことの理由である。これらのことを説明しながら，被験者間・内混合2要因の分析原理をみていく。

今までの章の説明からわかるように，分散分析では，（式6-1）に示される各効果の変動（分散）と誤差による変動（誤差分散）との比がF分布に従うことを利用して，各要因の分散の大きさが有意かどうかを検定する。5章の被験者間2要因分散分析では，F比の分母（誤差分散）が，すべての効果にわたって，ひとつの誤差項（$SS_{within\ cell}$）である。しかし，被験者間・内混合2要因分散分析では，表6-2に示すように，要因Aの主効果を検定するときの誤差分散と，要因Bの主効果と A×B の交互作用を検定するときの誤差分散とが異なる。先に述べたように，5章の被験者間2要因分散分析では，ひとつの誤差項（$SS_{within\ cell}$）になっているものが，$SS_{subj.\ w.\ groups}$ と $SS_{B \times subj.\ w.\ groups}$ に分けられるので，要因Aの主効果，要因Bの主効果と要因 A×B の交互作用を検定するときのF比の分母が小さくなり，各効果の分散が同じであるなら，結果としてF比は大きくなる。したがって，より小さな効果であっても，有意になるので，検定力が高くなる。

さて，表6-2にそれぞれの効果の平均平方（MS）の期待値 $E(MS)$ が，ど

② 被験者間要因×被験者内要因の2要因分散分析

●表 6-2　各変動因の自由度と期待値

変動因		自由度 (df)	$E(MS)$
被験者間		$np-1$	
	A	$p-1$	$\sigma_\varepsilon^2 + q\sigma_\pi^2 + nq\sigma_\alpha^2$
	群内被験者誤差	$p(n-1)$	$\sigma_\varepsilon^2 + q\sigma_\pi^2$
被験者内		$np(q-1)$	
	B	$q-1$	$\sigma_\varepsilon^2 + \sigma_{\beta\pi}^2 + np\sigma_\beta^2$
	AB	$(p-1)(q-1)$	$\sigma_\varepsilon^2 + \sigma_{\beta\pi}^2 + n\sigma_{\alpha\beta}^2$
	B×群内被験者誤差	$p(n-1)(q-1)$	$\sigma_\varepsilon^2 + \sigma_{\beta\pi}^2$

の変動成分で構成されているかを示す。これらの平均平方（MS）は，それぞれに相当する平方和（SS）を自由度で割ったものである。自由度も表 6-2 にそれぞれ示してある。

この平方和（SS）の計算原理を述べながら，被験者間・内混合2要因分散分析の計算手順を，ワイナーら（Winer et al., 1991）にしたがって，記号と式を使い説明していく。また，基本例題では，各群の被験者数を同じにしているが，以下の計算手順では，各群の被験者数が異なっていても計算可能な式を示す。なお，この計算式は最小2乗解（least-squares solution）によるものである。

各要因の効果の変動成分，すなわち（式 6-2）の SS は，ふつうに標準偏差を計算するときと同じように，測定値から平均を引いた値の2乗和，あるいは，測定値間の差異，すなわち距離の2乗和で表わすことができる。つまり，処理効果の変動は，各処理の平均値が離れているほど，すなわち各処理の平均値の違いが大きいほど，大きくなる。

なお，以下の式に出てくる括弧つきの数字は，表 6-3 の計算記号を示すので，表 6-1 と表 6-3 を参照しながら，SS の計算式をみてほしい。

まず，全体の平方和（全分散 SS_{total}）は，各測定値 X_{ijk} から全平均 $\bar{G}(=\sum_i\sum_j\sum_k X_{ijk}/qN)$ を減算したものの2乗和であり，（式 6-3）となる。

$$SS_{\text{total}} = \sum_i\sum_j\sum_k (X_{ijk}-\bar{G})^2 = \sum_i\sum_j\sum_k \left(X_{ijk}-\frac{G}{qN}\right)^2 = \sum_i\sum_j\sum_k X_{ijk}^2 - \frac{G^2}{qN} \quad \text{（式 6-3）}$$

A の主効果の検定をするための平方和は，各レベルの平均 $\bar{A}_i$ から，全平均 $\bar{G}$ を引いたものを2乗して合計したものとなる（式 6-4）。同様に，B の主効果は，各レベルの平均 $\bar{B}_j$ から，全平均 $\bar{G}$ を引いたものの2乗和となる（式 6-5）。

●表 6-3　基本例題の計算手順と計算記号

		空間周波数（cycle/degree）(B)					合計
		b_1	b_2	b_3	b_4	b_5	
月齢(A)	a_1	67.0	59.4	52.6	13.6	6.9	A_1=199.5
	a_2	24.8	56.2	56.7	17.0	8.7	A_2=163.4
	a_3	24.7	41.3	76.9	57.4	23.1	A_3=223.4
合計		B_1=116.5	B_2=156.9	B_3=186.2	B_4=88.0	B_5=38.7	G=586.3

計算用記号

$G = \sum_i \sum_j \sum_k X_{ijk} = 20.0 + 3.6 + 17.8 + \cdots + 10.1 + 9.6 + 3.9 = 586.3$

$AB_{ij} = \sum_k X_{ijk}$ （例：$AB_{24} = 17.0 = 3.5 + 6.7 + 3.5 + 1.0 + 2.3$）　　$N = \sum_i n_i = 5 + 5 + 5 = 15$

(1) $= G^2 / Nq = (586.3)^2 / (15 \times 5) = 4583.302$

(2) $= \sum X^2 = 20.0^2 + 3.6^2 + 17.8^2 + \cdots + 10.1^2 + 9.6^2 + 3.9^2 = 7873.149$

(3) $= \sum (A_i^2 / n_i q) = 199.5^2 / (5 \times 5) + 163.4^2 / (5 \times 5) + 223.4^2 / (5 \times 5)$
　　$= (199.5^2 + 163.4^2 + 223.4^2) / (5 \times 5) = 4656.295$

(4) $= (\sum B_j^2) / N = 116.5^2 / 15 + 156.9^2 / 15 + \cdots + 38.7^2 / 15$
　　$= (116.5^2 + 156.9^2 + 186.2^2 + 88.0^2 + 38.7^2) / 15 = 5473.466$

(5) $= \sum [(AB_{ij})^2 / n_i] = 67.0^2 / 5 + 24.8^2 / 5 + \cdots + 8.7^2 / 5 + 23.1^2 / 5$
　　$= (67.0^2 + 24.8^2 + \cdots + 8.7^2 + 23.1^2) / 5$
　　$= 6085.502$

(6) $= (\sum P_m^2) / q = (40.2^2 + 15.0^2 + 43.2^2 + \cdots + 41.4^2 + 66.2^2 + 35.6^2) / 5$
　　$= 5485.974$

$$SS_A = \sum_i q n_i (\bar{A}_i - \bar{G})^2 = \sum_i q n_i \left(\frac{A_i}{q n_i} - \frac{G}{qN} \right)^2 = (3) - (1) \quad \text{(式 6-4)}$$

$$SS_B = N \sum_j (\bar{B}_j - \bar{G})^2 = N \sum_j \left(\frac{B_j}{N} - \frac{G}{qN} \right)^2 = (4) - (1) \quad \text{(式 6-5)}$$

ここで，$\bar{G}$ は（式 6-1）の構造モデルの μ の推定値であり，$\bar{A}_i - \bar{G}$ は α_i の推定値，$\bar{B}_j - \bar{G}$ は β_j の推定値である．

　A×B の交互作用効果に関しては，両条件の各組み合わせの平均 $\overline{AB}_{ij}$ から，要因Aの主効果とBの主効果である $\bar{A}_i - \bar{G}$ と $\bar{B}_j - \bar{G}$ を減算し，さらに，全平均 $\bar{G}$ を引いたものを2乗和した（式 6-6）が，AB の交互作用の平方和となる．ここで，$\overline{AB}_{ij} - (\bar{A}_i - \bar{G}) - (\bar{B}_j - \bar{G}) - \bar{G}$ は，$\alpha\beta_{ij}$ の推定値である．

$$SS_{AB} = \sum_j n_j [\overline{AB}_{ij} - (\bar{A}_i - \bar{G}) - (\bar{B}_j - \bar{G}) - \bar{G}]^2 \quad \text{(式 6-6)}$$
$$= \sum_j n_j (\overline{AB}_{ij} - \bar{A}_i - \bar{B}_j + \bar{G})^2 = (5) - (3) - (4) + (1)$$

　さて，（式 6-4），（式 6-5），（式 6-6）の平方和を $MS_A = SS_A / (p-1)$，$MS_B = SS_B / (q-1)$，$MS_{AB} = SS_{AB} / (p-1)(q-1)$ のように自由度で割れば，平均平方が算出できる．ここで，表 6-2 の各平均平方の期待値をみると，MS_A は，

② 被験者間要因×被験者内要因の2要因分散分析

要因Aの変動 σ_α^2 と個人差による変動 σ_π^2，そして誤差変動 σ_ε^2 から構成されていることがわかる。

　F 比は，この MS_A を適切な誤差項で割ることによって得られる。MS_A の場合，誤差項として σ_π^2 と σ_ε^2 を含む必要がある。表6-2をみれば，$MS_{\text{subj. w. groups}}$ であることがわかる。これを求めるための平方和は，(式6-7)のように，個人差の効果 $\pi_{k(i)}$ の推定値 $\overline{P}_{k(i)} - \overline{A}$ の2乗和である。これを，自由度 $p(n-1)$ で割ったものが，誤差項である $MS_{\text{subj. w. groups}}$ となる。

$$SS_{\text{subj w. groups}} = q\sum_k\sum_i(\overline{P}_{k(i)} - \overline{A}_i) = (6) - (3) \qquad (式6\text{-}7)$$

同じように考えて，被験者内要因Bの主効果と，A×Bの交互作用効果との検定をするための，誤差項は，

$$SS_{\text{B×subj w. groups}} = \sum_k\sum_j\sum_i(X_{ijk} - \overline{P}_{k(i)} - \overline{AB}_{ij} + \overline{A}_i)^2 = (2) - (5) - (6) + (3)$$

である。また，表6-2から，MS_B と MS_{AB} がそれぞれ，被験者内要因Bと個人差Pの交互作用効果を含んでいるので，この誤差項もこの変動分を含んでいることがわかる。

　また，被験者間の全分散 $SS_{\text{between subjects}}$ は（式6-8）により，被験者内の全分散 $SS_{\text{within subjects}}$ は，（式6-9）によって，それぞれ求めることができる。

$$SS_{\text{between subjects}} = \sum_k\left(\frac{P_{k(i)}}{q} - \frac{\overline{P}_{k(i)}}{q}\right)^2 = \frac{\sum_k P_{k(i)}^2}{q} - \frac{G^2}{qN} = (6) - (1) \qquad (式6\text{-}8)$$

$$SS_{\text{within subjects}} = \sum_k(X_{ijk} - \overline{P}_{k(i)})^2 = \sum_i\sum_j\sum_k X_{ijk}^2 - \frac{\sum_k P_{k(i)}^2}{q} = (2) - (6) \qquad (式6\text{-}9)$$

となる。

　また，（式6-8）は SS_A と $SS_{\text{subj. w. groups}}$ を加算したものになり，（式6-9）は，SS_B，SS_{AB} そして $SS_{\text{B×subj. w. groups}}$ を加算したものになる。この関係は，手計算をするときに検算として利用できる。

　ここで，F 比の意味を簡単にみておこう。要因Aを例とすると，F 比は以下のようになる。

$$F = \frac{MS_A}{MS_{\text{subj. w. groups}}} = \frac{\sigma_\varepsilon^2 + q\sigma_\pi^2 + nq\sigma_\alpha^2}{\sigma_\varepsilon^2 + q\sigma_\pi^2} = 1 + \frac{nq\sigma_\alpha^2}{\sigma_\varepsilon^2 + q\sigma_\pi^2}$$

$$= \frac{誤差分散 + 効果の分散}{誤差分散} = 1 + \frac{効果の分散}{誤差分散}$$

この式をみて分かるように，F 比は，要因の効果の分散と誤差分散とどちら

● 表6-4　基本例題の分散分析表と計算式

変動因	計算式	平方和 (SS)	自由度 (df)	平均平方 (MS)	F	p
被験者間	(6)−(1)=	902.671	14			
A（月齢）	(3)−(1)=	72.993	2	36.496	0.528	n.s.
群内被験者誤差	(6)−(3)=	829.679	12	69.140		
被験者内	(2)−(6)=	2387.176	60			
B（空間周波数）	(4)−(1)=	890.164	4	222.541	11.151	<.001
AB（交互作用）	(5)−(3)−(4)+(1)=	539.043	8	67.380	3.376	<.005
B×群内被験者誤差	(2)−(5)−(6)+(3)=	957.968	48	19.958		
全分散	(2)−(1)=	3289.847	74			

が大きいかを比較している。効果の分散が誤差分散より小さければ，F比は2より大きくはならない。また，効果の分散がゼロならば，F比は1である。したがって，F比が1のときはF値の表をみるまでもなく，有意ではない。

表6-3と表6-4に，基本例題の計算手順と結果が示されている。その結果，被験者間要因である月齢の主効果は有意ではなかった。しかし，被験者内要因である月齢×空間周波数の交互作用は有意になっている。

基本例題の問1)月齢に関係なく空間周波数によって，コントラスト感度は異なるという点は，空間周波数の主効果が有意になったことで，明らかになった。また，問4)は，月齢の主効果が有意でなかったことから，少なくとも月齢1，2，3か月では，月齢に関係なく，平均コントラスト感度には差がないと結論できる。ただし，もっと月齢があがると，この平均コントラスト感度は高くなることが知られている。図6-1からわかるように，問3)の空間周波数に対するコントラスト感度の関数関係（CSF）が異なるという点は，月齢×空間周波数の交互作用が有意になったことで，明らかになった。

被験者内要因をもつ要因計画と検定力

被験者内の1要因計画あるいは被験者間・内混合の要因計画は，高い検定力をもつことがその利点としてあげられるが，これは，次の条件を満たしているときに限られることを注意してほしい。つまり，被験者内要因の水準間で，個人に正の相関があることである。負の相関があるような場合には個人差による変動が逆に増加して，F比の分母となる誤差分散が大きくなり，検定力が低下してしまう。

この点を直感的に理解しておこう。対応のあるt検定が，被験者内1要因計

② 被験者間要因×被験者内要因の2要因分散分析

画において水準が2（a_1 と a_2）しかない特殊な場合であることに注目しよう。次に，対応のある t 検定の誤差項において，相関の成分 $r_{a_1a_2}$ を減算していることを思い出そう。$r_{a_1a_2}$ が正の場合，$2r_{a_1a_2}s_{a_1}s_{a_2}$（$s_{a_1}$ と s_{a_2} は各水準での標準偏差）だけ誤差項が小さくなるが，相関係数が負であれば，逆に $2r_{a_1a_2}s_{a_1}s_{a_2}$ だけ加算してしまうことになり，誤差項が大きくなってしまう。誤差項が大きくなれば，得られる F 値は小さくなるので，一般に検定力は落ちることになる。

また，被験者内要因の水準間で，個人に負の相関があることは，被験者内要因が個人ごとに異なる影響を与えていることを示す。つまり，被験者内要因と個人が交互作用をもつことになる。このとき，$SS_{B \times subj.\ w.\ groups}$ が被験者内要因と個人の交互作用そのものであることを考えれば，$SS_{B \times subj.\ w.\ groups}$ も $SS_{B \times subj.\ w.\ groups}$ を自由度で割った $MS_{B \times subj.\ w.\ groups}$ も大きくなる。その結果，$SS_{B \times subj.\ w.\ groups}$ を誤差項とする検定の結果得られる F 値は小さくなる。これも先のことと同様に検定力を下げることになる。また，このような交互作用が存在することは，実験者が設定した被験者内要因の条件以外に，何か被験者の従属変数の値を変化させる，まだ統制されていない要因が存在することを示す。したがって，剰余変数の統制が十分できておらず，誤差が多い実験であることにもなる。

これらのことから考えれば，被験者内要因の水準間で，個人に正の相関があることが，検定力を高めるための条件であることが，直感的に理解できるだろう。

傾向検定　基本例題の問2)と問3)を検討するために，ここで，空間周波数に対するコントラスト感度の関係（CSF）はどのようになっているか，傾向検定を使って検討してみよう。ただし，基本例題のような研究では，実際には多項式による曲線の当てはめが行なわれることが多い。

傾向検定は，従属変数と独立変数との間の関数関係の次数が，1次なのか，2次なのか，さらにはもっと高次なのかを検討するものである。この次数とは，関数関係がもつ変曲点の数を指す。したがって，1次傾向であれば，独立変数の値が増加するにしたがって，従属変数の値も直線的に増加し

ていく，あるいは減少していくような関係である．2次傾向では，独立変数の値が増加するにしたがって，あるところまで従属変数の値も増加していくが，そこから減少に転じるような逆U型の関係，あるいはその反対のU型の関係があるようなものを指す．3次傾向なら，さらにもう一度，減少から増加へ転じたり，増加から減少へ転じるようなものである．

さて，傾向検定を実施するためには，その要因は連続変量であることと，要因の隣接するレベル間が等間隔であることが，その前提条件である．表6-1の基本例題の要因Bである空間周波数は，.125, .25, .50, 1, 2 cycle/degree と，この前提条件の後半を満たさないようにみえる．しかし，この値をよくみると，倍々になっており，対数的には等間隔になっている．感覚・知覚実験では，条件が対数的に設定されることはしばしばみられることである．

被験者内要因である空間周波数の主効果の傾向検定は，4章と同じ手順で行なえばよい．また，月齢×空間周波数の交互作用に関する傾向検定も可能である．いずれにおいても，この基本例題では空間周波数が5条件になっているので，4次までの傾向ですべて説明される．したがって，いずれの場合も4次の傾向までが検定可能である．

まず，傾向検定は，主効果や交互作用の平方和，すなわち分散を，それぞれの傾向による分散に分割することからはじまる．空間周波数の主効果の分散は，1次の傾向による分散，2次の傾向による分散，3次の傾向による分散，4次の傾向による分散に分割される．つまり，

$$SS_B = SS_{B(1)} + SS_{B(2)} + SS_{B(3)} + SS_{B(4)}$$

となる（この関係は検算に利用できる）．また，交互作用についても同様に，

$$SS_{AB} = SS_{AB(1)} + SS_{AB(2)} + SS_{AB(3)} + SS_{AB(4)}$$

と分割できる．このように分割することは，主効果なら主効果全体の変動の何割が，ある次数の傾向によって説明されるのかわかることを示している．ここでは述べないが，ヘイズ（Hays, 1994）に，その具体的な方法が示されている．さらに，誤差分散，つまり，F比の分母になる平方和も，それぞれの傾向による分散に分割する．

2次の傾向を例として計算してみよう．表6-5の計算手順を参考にしながら説明していく．他の傾向についても，直交多項式の係数を変えてまったく同様

2 被験者間要因×被験者内要因の2要因分散分析

●表 6-5　基本例題の傾向検定の計算手順と計算記号

	c_j	2	−1	−2	−1	2	$\sum c_j^2 = 14$	
	被験者	b_1	b_2	b_3	b_4	b_5	$P'_{m(i)}$	$\sum c_j AB_{ij}$
a_1	1	20.0	10.0	5.3	2.6	2.3	21.4	
	2	3.6	4.0	3.7	2.7	1.0	−4.9	
	3	17.8	16.1	6.0	2.3	1.0	7.2	
	4	2.2	6.8	14.4	2.3	1.0	−31.5	
	5	23.4	22.5	23.2	3.7	1.6	−22.6	−30.4
a_2	1	1.7	7.0	16.2	3.5	2.1	−35.3	
	2	2.5	11.9	11.4	6.7	2.0	−32.4	
	3	2.2	5.3	7.1	3.5	2.6	−13.4	
	4	3.8	4.4	3.7	1.0	1.0	−3.2	
	5	14.6	27.6	18.3	2.3	1.0	−35.3	−119.6
a_3	1	3.9	7.1	10.8	9.6	2.3	−25.9	
	2	6.9	6.2	13.7	14.4	5.3	−23.6	
	3	2.5	5.1	17.4	10.1	6.3	−32.4	
	4	7.9	14.4	24.9	13.7	5.3	−51.5	
	5	3.5	8.5	10.1	9.6	3.9	−23.5	−156.9
		116.5	156.9	186.2	88.0	38.7	$\sum c_j B_j = -306.90$	

$P'_{m(i)} = \sum_j c_j X_{ijk}$　　　　　　　　$N = \sum n_i$

例：$P'_{1(1)} = (2) \times (20.0) + (-1) \times (10.0) + (-2) \times (5.3) + (-1) \times (2.6) + (2) \times (2.3) = 21.4$

$AB'_i = P'_{m(i)} = \sum c_j (AB_{ij})$　　　　　　$B' = \sum c_j B_j = \sum AB'_i$

$(1') = (B')^2 / N(\sum c_j^2) = (-306.90)^2 / (15 \times 14) = 448.51$

$(2') = \sum (P'_{m(i)})^2 / \sum c_j^2$
$= ((21.4)^2 + (-4.9)^2 + \cdots + (-51.5)^2 + (-23.5)^2) / 14$
$= 803.61$

$(3') = \sum ((AB'_i)^2 / n_i \sum c_j^2)$
$= (-30.4)^2 / (5 \times 14) + (-119.6)^2 / (5 \times 14) + (-156.9)^2 / (5 \times 14)$
$= 569.23$

に計算すればよい。まず，5条件の場合の直交多項式の係数を巻末の付表4から読みとると，2次の傾向の係数値 c_j が，2, -1, -2, -1, 2 であることがわかる。ここで，今までの計算同様に，$N = \sum n_i$ とおくと，$SS_{B(2)}$ は，表6-5のように，

$$SS_{B(2)} = \frac{\left(\sum c_j B_j\right)^2}{N \sum c_j^2} = \frac{(B')^2}{N \sum c_j^2} = (1')$$

と計算できる。$\sum c_j^2 = 14$ であるので，空間周波数の主効果については，

$$SS_{B(2)} = \frac{((2)(116.5) + (-1)(156.9) + (-2)(186.2) + (-1)(88.0) + (2)(38.7))^2}{(15)(14)}$$

$$= \frac{(-306.90)^2}{210} = 448.51$$

となる．以下同様にその他の次数の平方和を計算すると，$SS_{B(1)} = 336.00$，$SS_{B(3)} = 24.00$，$SS_{B(4)} = 81.65$ となり，すべてを加算すると SS_B と等しくなることが以下のように確認される．

$$SS_B = 890.16$$
$$= SS_{B(1)} + SS_{B(2)} + SS_{B(3)} + SS_{B(4)}$$
$$= 336.00 + 448.51 + 24.00 + 81.65$$

次に，各平方和の自由度は，SS_B を分割したのと同様に，SS_B の自由度4を1ずつに分割することになる．したがって，$df(2) = 1$，$MS_{B(2)} = 448.51$ となる．この平均平方の期待値は，$E(MS_{B(2)}) = \sigma_\epsilon^2 + \sigma_{\beta\pi(2)}^2 + \sigma_{\beta(2)}^2$ となるので，空間周波数の主効果の2次傾向を検定するための誤差項の期待値は，$\sigma_\epsilon^2 + \sigma_{\beta\pi(2)}^2$ でなければならない．空間周波数の主効果の誤差項を求めるときに計算した $SS_{B \times \text{subj. w. groups}}$ を各次数による分散に分割したものをそれぞれの自由度で割ったものとなる．まず，2次傾向の平均平方は，表6-5の記号を使って，

$$SS_{B \times \text{subj. w. groups}(2)} = (2') - (3') = 234.39 \qquad \text{(式6-10)}$$

と計算される．また，$SS_{B \times \text{subj. w. groups}}$ は，1次から4次までの分散ですべて説明されるので，自由度に関しても，$SS_{B \times \text{subj. w. groups}}$ の自由度48を均等に割った12が各傾向の誤差項の自由度となる．したがって，

$$MS_{B \times \text{subj. w. groups}} = 234.39/12 = 19.53$$

となる．1次から4次までの各傾向の誤差項の平方和も，加算すれば，以下のように，主効果全体の誤差項の平方和と等しくなる．

$SS_{B \times \text{subj. w. groups}}$
$$= SS_{B \times \text{subj. w. groups}(1)} + SS_{B \times \text{subj. w. groups}(2)} + SS_{B \times \text{subj. w. groups}(3)} + SS_{B \times \text{subj. w. groups}(4)}$$
$$= 460.48 + 234.39 + 119.68 + 143.42 = 957.97$$

したがって，空間周波数の主効果の2次傾向の F 比は，

$$F(1, 12) = 448.51/19.53 = 22.96$$

となり，1％水準で有意になる．有意になったことと，2次傾向による分散が最も大きいこととを考えあわせると，基本例題の問2)月齢に関係なく空間周波数に対するコントラスト感度（CSF）は逆U字型であることが，明らかになったといえる．その他の傾向の結果については表6-6に示す．

② 被験者間要因×被験者内要因の2要因分散分析

● 表 6-6 基本例題の傾向検定結果

傾向	主効果B			交互作用 AB			B×群内被験者誤差	
	SS	MS	$F(1,12)$	SS	MS	$F(2,12)$	SS	MS
1次	336.00	336.00	8.76	320.41	160.20	4.17	460.48	38.37
2次	448.51	448.51	22.96	120.72	60.36	3.09	234.39	19.53
3次	24.00	24.00	2.41	96.32	48.16	4.83	119.68	9.97
4次	81.65	81.65	6.83	1.60	0.80	0.07	143.42	11.95
全体	890.16			539.04			957.97	

先に述べたように，空間周波数と月齢の交互作用の傾向検定も同様に，SS_{AB} を各傾向による成分に分割し，それぞれに対応する自由度2で割った平均平方和を，（式6-10）で得た誤差項を自由度で割った平均平方和を誤差項とすることで検定できる．2次の傾向についての平方和は，表6-5の表記を使って，次式で得られる．

$$SS_{AB(2)} = (3') - (1') = 120.72$$

また，これに対する自由度は，SS_{AB} の自由度である8を，4つの傾向で均等に分けた2であるので，2となる．また，$SS_{AB(2)}$ を自由度で割った $MS_{AB(2)}$ は次のような期待値をもつ．

$$E(MS_{AB(2)}) = \sigma_\varepsilon^2 + \sigma_{\beta\pi(2)}^2 + \sigma_{\alpha\beta(2)}^2$$

したがって，空間周波数の主効果の傾向検定するための誤差項の期待値と同じく，交互作用の誤差項の期待値も $\sigma_\varepsilon^2 + \sigma_{\beta\pi(2)}^2$ でなければならない．空間周波数の主効果について実施した傾向検定の誤差項と同じものを使えばよいことになる．具体的には，交互作用の2次傾向のF比は，

$$F(2, 12) = 60.36/19.53 = 3.09$$

となり，5％の有意水準を満たさず，有意でないことがわかる．その他の傾向の結果については表6-6の交互作用の欄に示す．

月齢と空間周波数の交互作用の2次傾向が有意でなかったことは，どの月齢においても，CSFの2次傾向の成分には，月齢による差はないことを示す．つまり，この関数関係における，2次の係数は，どの月齢でも同じであるといえる．しかし，1次傾向と3次傾向が有意になっているので，この関数関係の1次の係数，すなわち傾きと3次の係数には，月齢による差があることを示す．1次の係数が月齢に関して異なるということは，月齢2，3か月では1次の係

数がかなり小さく，月齢1か月でのみ1次の係数が大きいことを示すと解釈でき，基本例題の問3)で述べた月齢1か月では，CSF が逆J字型に近いことを意味していると考えることができる。

多重比較　さて，次に特定の条件間の平均値どうしを比較してみよう。基本例題で，空間周波数 .5 cycle/degree での2か月児と3か月児の平均コントラスト感度の比較（$\overline{AB}_{23}$ と $\overline{AB}_{33}$ の比較），あるいは，3か月児における空間周波数 .5 cycle/degree と 1 cycle/degree での平均コントラスト感度の比較（$\overline{AB}_{33}$ と $\overline{AB}_{34}$ の比較）などである。もっと簡単な比較では，空間周波数 .5 cycle/degree と 1 cycle/degree での月齢をまとめた平均コントラスト感度の比較（$\overline{B}_3$ と $\overline{B}_4$ の比較）も考えられる。

このような一対比較に，今までの章と同じくテューキーの HSD を利用する。その計算原理も，以前の章で述べてきたものとまったく同じであるが，何を誤差項とするかについては，十分注意深く検討しなければならない。

まず，簡単な比較として，$\overline{B}_1$ と $\overline{B}_2$ のような被験者内要因の条件間の比較を考えよう。表 6-7 に示すように，この検定をするための誤差項は，$MS_{B \times subj.\ w.\ groups}$ である。したがって，

$$HSD = q_{k, df_{B \times subj.\ w.\ groups}}\sqrt{\frac{MS_{B \times subj.\ w.\ groups}}{np}} = q_{k,\ 48}\sqrt{\frac{19.958}{15}} \quad \text{(式 6-11)}$$

となる。群ごとに被験者数が異なるなら，np の代わりに，$\sum n_i$ を利用すればよい。まず，要因Bの水準が5なので，$k=5$ となる。5％を有意水準とすれば，巻末の付表3-A（スチューデント化したレンジ）より $q_{5,\ 48}=4.008$ であるので，

$$HSD = 4.008\sqrt{\frac{19.958}{15}} = 4.623$$

となる。$\overline{B}_3$ と $\overline{B}_2$ の比較では，$\overline{B}_3 - \overline{B}_2 = 1.95$ となり，この HSD 値を超えないので，$\overline{B}_3$ と $\overline{B}_2$ の間に有意な差はないといえる。また，$\overline{B}_3$ と $\overline{B}_4$ の比較では $\overline{B}_3 - \overline{B}_4 = 6.54$ となり，となり，HSD 値4.623より大きいので，5％で有意な差が $\overline{B}_3$ と $\overline{B}_4$ の間にあったといえる。

被験者間要因であるA（基本例題では月齢）に関してもまったく同様であり，（式 6-11）の $MS_{B \times subj.\ w.\ groups}$ の代わりに $MS_{subj.\ w.\ groups}$ を使い，np が nq に代わるだけであとはまったく同じ手順で計算すればよく，

② 被験者間要因×被験者内要因の 2 要因分散分析

◉表 6-7　各平均差に対する誤差項

平均差	$MS_{誤差}$
$\overline{A_i} - \overline{A_{i'}}$	$MS_{\text{subj w. groups}}$
$\overline{B_j} - \overline{B_{j'}}$	$MS_{\text{B×subj w. groups}}$
$\overline{AB_{ij}} - \overline{AB_{i'j}}$	$MS_{\text{pooled}} = MS_{\text{w. cell}} = \dfrac{SS_{\text{subj w. groups}} + SS_{\text{B×subj w. groups}}}{p(n-1) + p(n-1)(q-1)}$
	ただし，$p(n-1) + p(n-1)(q-1) = pq(n-1)$
$\overline{AB_{ij}} - \overline{AB_{ij'}}$	$MS_{\text{B×subj w. groups}}$
$\overline{AB_{ij}} - \overline{AB_{i'j'}}$	$MS_{\text{pool}ed} = MS_{\text{w. cell}}$

$$HSD = q_{k, df_{\text{subj. w. groups}}} \sqrt{\frac{MS_{\text{subj. w. groups}}}{nq}} = q_{k,\ 12} \sqrt{\frac{69.140}{25}} \quad (式\ 6\text{-}12)$$

と計算することになる。また，群ごとに被験者数が異なる場合は，nq の代わりに $n_i q$ とすればよい。

単純主効果

ここで，基本例題から離れ，表 6-8 に示す例題とその分散分析表を考えてみたい。被験者間要因Aと被験者内要因Bの適当な例を，各自で考えて設定してみてほしい。さて，有意になった A×B の交互作用がどのようなものであるのか，もう少し詳しく検討してみたい場合を考えてみよう。そのあとで，$\overline{AB_{23}}$ と $\overline{AB_{33}}$ の比較，$\overline{AB_{33}}$ と $\overline{AB_{34}}$ の比較などを考えよう。

表 6-8 のデータをみてわかるように，a_1 では要因Bとともに従属変数の値が大きくなっているが，a_2 では要因Bにかかわらず従属変数の値は変化していない。つまり，a_1 群と a_2 群では，要因Bの影響のしかたが異なることを示している。これが，A×B の交互作用を有意にしている。

この点を検討するための考え方は，a_1 群に関してBだけを要因とした 1 要因の分散分析と，a_2 群に関してBだけを要因とした 1 要因の分散分析とを実施してみることで，ある程度検討できる。

◉表 6-8　単純主効果を説明するための例題

	被験者	b_1	b_2	b_3	
a_1	1	40	64	84	$P_1 = 188$
	2	39	56	72	$P_2 = 167$
	3	31	48	68	$P_3 = 147$
a_2	1	39	38	40	$P_4 = 117$
	2	36	32	39	$P_5 = 107$
	3	30	36	35	$P_6 = 101$
		b_1	b_2	b_3	
	a_1	110	168	224	502
	a_2	105	106	114	325
		215	274	338	827

第2部　要因計画法の手順

6章　被験者間・内混合2要因計画

● 表 6-9　例題2の分散分析表と単純主効果の結果

	平方和 (SS)	自由度 (df)	平均平方 (MS)	F	p
被験者間	2064.273	5			
A	1740.500	1	1740.500	21.503	<.01
群内被験者誤差	323.773	4	80.943		
被験者内	2248.672	12			
B	1261.445	2	630.723	76.185	<.001
AB	920.996	2	460.498	55.624	<.001
B×群内被験者誤差	66.230	8	8.279		
全分散	4312.945	17			

	平方和 (SS)	自由度 (df)	平均平方 (MS)	F	p
単純主効果 B on A_1	2166.22	2	1083.11	130.83	<.001
単純主効果 B on A_2	16.22	2	8.11	0.98	n.s.
B×群内被験者誤差	66.230	8	8.28		

$$SS_{b \text{ at } a_i} = \frac{\sum B_j^2}{n_i} - \frac{A_i^2}{qn_i}$$

$$SS_{b \text{ at } a_1} = \frac{110^2 + 168^2 + 224^2}{3} - \frac{502^2}{9} = 2166.22$$

$$MS_{b \text{ at } a_1} = \frac{SS_{b \text{ at } a_i}}{q-1} = \frac{2166.22}{2} = 1083.11$$

表 6-7 の $\overline{AB}_{ij} - \overline{AB}_{ij'}$ 行に示されるように，この $MS_{b \text{ at } a_1}$ を $MS_{\text{B×subj. w. groups}}$ で割ることで，F 値が計算される。$\sum SS_{b \text{ at } a_i} = SS_B + SS_{AB}$ であるので，表 6-2 を思い出せば，SS_B を自由度で割った MS_B も，SS_{AB} を自由度で割った MS_{AB} も，ともにその誤差成分として，B×群内被験者誤差である $MS_{\text{B×subj. w. groups}}$ をもっている。したがって，$MS_{b \text{ at } a_1}$ の誤差項として $MS_{\text{B×subj. w. groups}}$ を使えばよいことがわかる。

この単純主効果の結果は表 6-9 に示されている。この結果をみると，a_1 群に関してはBの単純主効果が有意になり，a_2 群についてはBの単純主効果が有意になっていない。先に述べたように，a_1 群と a_2 群では，要因Bの影響のしかたが異なり，A×Bの交互作用を有意にしていることを示している。

さて，b_2 での要因Aの単純主効果も考えることができる。これも先の式と同様に，

$$SS_{a \text{ at } b_j} = \frac{\sum A_i^2}{n_i} - \frac{B_j^2}{pn_i}$$

$$SS_{a \text{ at } b_2} = \frac{168^2 + 106^2}{3} - \frac{274^2}{6} = 640.67$$

② 被験者間要因×被験者内要因の2要因分散分析

$$MS_{a \text{ at } b_2} = \frac{SS_{a \text{ at } b_2}}{p-1} = \frac{640.67}{1} = 640.67$$

表 6-7 の $\overline{AB}_{ij} - \overline{AB}_{i'j}$ 行に示されるように，この誤差項は群内被験者誤差とB×群内被験者誤差の加重平均である。ここでは，$\sum SS_{A \text{ at } b_j} = SS_A + SS_{AB}$ が成り立ち，SS_A を自由度で割った MS_A は群内被験者誤差を含み，SS_{AB} を自由度で割った MS_{AB} はB×群内被験者誤差を含むことから，F値を計算するときの誤差項として，この両者を含む必要があることになる。表 6-7 で求められた，$MS_{\text{w. cell}}$（MS_{pooled}）を使うことになる。ここで問題になるのは，この誤差項の自由度である。

$F = MS_{a \text{ at } b_j} / MS_{\text{w. cell}}$ で求められるF値はかたよっており，$F[(p-1), pq(n-1)]$ のF分布にしたがわない。そこで，ワイナーら (1991) は，$MS_{\text{w. cell}}$ の自由度を，以下のように調整したものを使えばよいとしている。ただし，$MS_{\text{w. cell}}$ を求めるときの分母は $pq(n-1)$ である。

$$df' = \frac{(u+\nu)^2}{(u^2/f_1) + (\nu^2/f_2)}$$

ここで，

$$u = p(n-1)MS_{\text{subj. w. groups}} = SS_{\text{subj. w. groups}}$$
$$\nu = p(n-1)(q-1)MS_{\text{B×subj. w. groups}} = SS_{\text{B×subj. w. groups}}$$
$$f_1 = p(n-1)$$
$$f_2 = p(n-1)(q-1)$$

と計算される。$F = SS_{a \text{ at } b} / MS_{\text{w. cell}}$ は，df' を自由度とした $[(p-1), df']$ 分布に近似的に従う。

表 6-8 の例題について具体的に計算してみよう。まず，$MS_{\text{w. cell}}$ は以下のようになる。

$$MS_{\text{w. cell}} = \frac{323.773 + 66.230}{2(3-1) + 2(3-1)(3-1)} = \frac{390.003}{12} = 32.50$$

先に計算した $MS_{a \text{ at } b_j}$ を分子として，F比を計算すると，

$$F = \frac{MS_{a \text{ at } b_2}}{MS_{\text{w. cell}}} = \frac{640.67}{32.50} = 19.71$$

となる。次に，F比の自由度 df' は，

$$u = 2(3-1)80.943 = 323.773, \quad \nu = 2(3-1)(3-1)8.279 = 66.230,$$
$$f_1 = 2(3-1) = 4, \quad f_2 = 2(3-1)(3-1) = 8,$$
$$df' = \frac{(323.773 + 66.230)^2}{((323.773)^2/4) + ((66.230)^2/8)} = 5.685$$

となるので，安全を考えて，小数点以下を切り捨てて $df'=5$ とする。したがって，付表2-Cの自由度1と5のところをみればわかるように，1％水準で有意な差が，b_2 水準において a_1 と a_2 の間にあると結論できる。

以上のように単純主効果の検討を行ない，単純主効果が有意であったときには，5章で述べたのとまったく同様にテューキーの HSD を利用して，条件間の平均値の多重比較を行なうことができる。注意すべきは，誤差項としてどれを使うかだけである。具体的には，被験者間要因Aの単純主効果が有意であった場合には，（式6-12）の $MS_{subj. w. groups}$ を $MS_{w. cell}$ と置き換え，nq を n と置き換えればよい。また，被験者内要因Bの単純主効果が有意であった場合には，（式6-11）の $MS_{B×subj. w. groups}$ はそのままで，np を n と置き換えて計算すればよい。

さらに，複雑な比較としては，$\overline{AB}_{21}$ と $\overline{AB}_{13}$ の比較のように，単純主効果では検討できないものがある。このときの誤差項は表6-7に示すように，$MS_{w. cell}$ である。しかしながら，このような比較にどれだけの意味があるかは，疑問ではある。

> **演習問題**
>
> 　演習問題はウェーバー（Waber, 1985）の研究からとった。彼の課題は，コーズ・ブロックテストに類似したものであり，全面が白，全面が赤，白と赤が半々の面をもつブロックを用意し，図6-3にあるような模様を構成する。図6-3の模様をみるとわかるように，隣接する同じ色の面の辺の数が異なる。それが，図6-3の模様の下に示される数字であり，0は隣接している辺がひとつもないものである。0の模様は，ブロックのどの面をそこに置けばよいかすぐわかるが，隣接している辺が多くなると，ブロックのどの面を組み合わせて模様を作ればよいか，わかりにくくなる。つまり，いったん，図6-3の連続した模様をブロックの色面に分解する必要があることになる。しがって，一般に，隣接する辺の数が多くなると模様を完成させるまでの時間が長くなると考えられる。また，この隣接する辺の数と解決時間との関係に，性差があるかどうかを検討する。

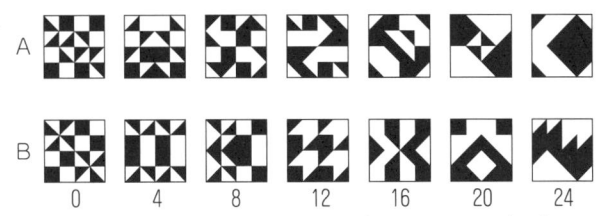

●図6-3 ウェーバー（Waber, 1985）が使用したコーズ・ブロックデザイン類似の課題　数字は，隣接した同じ色の面の辺の数

表6-10にデータを示す。各値は解決時間であり，単位は秒である。性別が被験者間要因A，被験者内要因Bが隣接する辺の数であるので，2×7の被験者間・被験者内要因混合2要因分散分析を実行すればよい。

1．分散分析表を完成させなさい。
2．隣接する辺の数の主効果について傾向検定をしなさい。

演習問題の数値例（Waber, 1985に基づく）

		隣接する辺の数							
		b_1	b_2	b_3	b_4	b_5	b_6	b_7	
被験者		0	4	8	12	16	20	24	
女性 a_1	1	40	35	56	72	66	92	100	$P_1=461$
	2	42	41	52	66	79	106	94	$P_2=480$
	3	47	31	55	67	70	103	62	$P_3=435$
	4	29	32	74	73	58	85	70	$P_4=421$
	5	33	17	54	59	55	80	57	$P_5=355$
男性 a_2	1	40	61	58	42	67	66	66	$P_6=400$
	2	48	55	49	52	60	62	56	$P_7=382$
	3	64	34	34	48	77	75	46	$P_8=378$
	4	32	52	26	47	42	51	53	$P_9=303$
	5	21	23	32	46	37	50	58	$P_{10}=267$
		b_1	b_2	b_3	b_4	b_5	b_6	b_7	Total
	a_1	191	156	291	337	328	466	383	2152
	a_2	205	225	199	235	283	304	279	1730
Total		396	381	490	572	611	770	662	$G=3882$

3．性別×隣接する辺の数の交互作用について以下のように分析しなさい。

1）交互作用の傾向検定

2) 各性における隣接する辺の数の単純主効果による検討をし，そのあと，HSD を利用して，女性における b_1 と b_4 の比較，男性における b_1 と b_4 の比較をしなさい。
3) 各隣接する辺の数における性の単純主効果による検討

引用文献

Banks, M. S. & Salapatek, P. 1981 Infant pattern vision : A new approach based on the contrast sensitivity function. *Journal of Experimental Child Psychology*, **31**, 1-45.
Hays, W. L. 1994 *Statistics*. 5th ed. New York : Harcourt Brace College Pub.
Waber, D. P. 1985 The search for biological correlates of behavioural sex differences in humans. In J. Ghesquiere, R. D. Martin, & F. Newcombe (Eds.) *Human sexual dimorphism*. London : Taylor & Francis.
Winer, B. J., Brown, D. R. & Michels, K. M. 1991 *Statistical principles in experimental design*. 3rd ed. New York ; McGraw-Hill.

演習問題の解答

1. 分散分析表は次の通りである。

変動因	平方和（SS）	自由度（df）	平均平方（MS）	F	p
被験者間	5760.797	9			
A（性別）	2544.062	1	2544.062	6.327	<.05
群内被験者誤差	3216.734	8	402.092		
被験者内	20558.578	60			
B（隣接辺の数）	12087.969	6	2014.661	20.472	<.001
AB（交互作用）	3746.953	6	624.492	6.346	<.001
B×群内被験者誤差	4723.656	48	98.410		
全分散	26319.375	69			

2. 主効果の傾向検定と，

3. 1) 交互作用の傾向検定は次の通りである。

傾向	主効果B			交互作用 AB			群内被験者誤差	
	SS	MS	$F(1, 8)$	SS	MS	$F(1,8)$	SS	MS
1次	10285.03	10285.03	106.99	2112.00	2112.00	21.97	769.07	96.13
2次	107.86	107.86	1.74	162.10	162.10	2.61	496.60	62.08
3次	992.27	992.27	3.73	72.60	72.60	0.27	2128.13	266.02
4次	79.55	79.55	1.46	87.94	87.94	1.61	436.56	54.57
5次以上	623.26			1312.31			893.30	

この演習問題では隣接する辺の数（要因B）の水準は7であるので，6次まででですべての平方和を説明でき，5次と6次の傾向も検討可能であるが，一般にはあまり高い次数の傾向を解釈することはむずかしい，あるいはその意味ははっきりしないことが多い．したがって，この例では5次以上の傾向による変動をひとつにまとめて残差とする．このとき，まとめられた5次以上の偏差平方の自由度は5次と6次の自由度を加算した2となる．本文で述べたように各次数の偏差平方の合計は主効果の偏差平方に等しくなるので，この場合も，1次から4次までの偏差平方の合計と5次以上の偏差平方を加算したものが主効果の偏差平方に等しくなる．

3. 2) 各性ごとの単純主効果は次の通りである。

	変動因	平方和(SS)	自由度（df）	平均平方（MS）	F	p
女性	B（隣接辺の数）	13781.95	6	2296.99	23.34	<.001
	B×群内被験者誤差	4723.66	48	98.41		
男性	B（隣接辺の数）	2052.97	6	342.16	3.48	<.01
	B×群内被験者誤差	4723.66	48	98.41		

女性における b_1 と b_4 の比較，男性における b_1 と b_4 の比較については，いずれも次式の HSD を使用すればよい．

$$HSD = q_{k, df_{B \times subj\ w.\ groups}} \sqrt{\frac{MS_{B \times subj\ w.\ groups}}{n}} = q_{k,\ 48} \sqrt{\frac{98.41}{5}}$$

$k=7$ であるので，

$$HSD = q_{7,\ 48} \sqrt{\frac{98.41}{5}} = 4.351 \times 4.436 = 19.30$$

となる．$\overline{B}_{4\ at\ a_1} - \overline{B}_{1\ at\ a_1} = 67.4 - 38.2 = 29.2$ なので，女性における b_1 と b_4 の間には5％の有意水準で差があるといえる．男性においても，同様に計算すると，$\overline{B}_{4\ at\ a_2} - \overline{B}_{1\ at\ a_2} = 47.0 - 41.0 = 6.0$ となるので，男性においては b_1 と b_4 の間に有意な差はなかったと結論づけられる．

3．3）例として b_1 における性の単純主効果と b_7 における性の単純主効果を示す．

$$SS_{a\ at\ b_1} = \frac{191^2 + 205^2}{5} - \frac{369^2}{10} = 19.6$$

$$SS_{a\ at\ b_7} = \frac{383^2 + 279^2}{5} - \frac{662^2}{10} = 1081.6$$

$$MS_{w.\ cell} = \frac{3216.734 + 4723.656}{2 \cdot 7(5-1)} = 141.793$$

$$df' = \frac{(3216.734 + 4723.656)^2}{(3216.734^2 / 2(5-1)) + (4723.656^2 / 2(5-1)(7-1))} = 35.859$$

以上のようになるので，b_1 における性の単純主効果についての F 値は，

$$F(1,\ 35) = \frac{19.6}{141.793} < 1.0$$

と有意でない．したがって，隣接する辺が0の場合には性差はないといえる．一方，b_7 における性の単純主効果の F 値は，

$$F(1,\ 35) = \frac{1081.6}{141.793} = 7.63$$

となり，1％水準で有意となる．つまり，隣接する辺の数が7の場合には性差はあると結論される．

コラム⑤ 心理学研究を通して批判的思考を身につける

アメリカの教育界で重要な教育目標と考えられているもののひとつに「批判的思考」(critical thinking)がある。これはひとことでいうと良質の思考，あるいは注意深い的確な思考のことである。批判的思考を「証拠を集め，代替案を慎重に評価して結論に達することにより，先入観を排除する，論理的で合理的な過程」(Smith, 1995)と定義する研究者もおり，科学的な研究のプロセスは，批判的思考によって結論を得るプロセスといっても過言ではないくらい，批判的思考と科学的探究は親和性の高い概念である。

では，実験法に代表される科学的研究法のトレーニングを受けると，日常的にも批判的に思考することができるようになるだろうか。筆者の接した学生などをみるかぎり，どうやらそうともいえなさそうである。それは，実験法があまりにも強力な「自動的批判的思考装置」だからだと筆者は考えている。すなわち，実験法の手続きに従って要因を計画し，マニュアル通りに被験者を割り振って実験し，その結果を統計的に検定すれば，その意味はまったくわからなくても，あるいは何も考えなくても，自動的に，注意深い的確な思考の「結果」を得ることができる。実験法の論理はこの手続きの中に埋め込まれてしまっていて，使う人は何も意識する必要はない。そのためにここで学んだことが，応用のきかない，研究専用の特殊な思考に成り下がってしまうのである。しかし実験を手続きとして行なうだけでなく，その意味を考えることで，心理学研究を通して，汎用性のある，日常にも役に立つ批判的思考力を身につけることができると思われる。

実験法が批判的思考になっている一番のポイントは，スミス(Smith, 1995)の定義でいうと「代替案を慎重に評価」している点である。単に研究仮説と対立仮説のことだけではない。実験法に必要とされる手続きはすべて，他の仮説を排除することが目的だといっても過言ではない。このような表現ではないにしても，心理学研究法の本にはたいてい，そのことが書かれている。しかしさまざまな概念や複雑な手続きに埋もれてしまって，ポイントがわかりづらくなっている。では，論理的思考という観点から実験法の手続きを考えてみよう。

まずは，実験法も含んだ科学的研究法一般の話から。科学的研究でよく使われる仮説演繹法では，「①AならばB，②B，③ゆえにA」という論理が用いられている。ここで，Aは「仮説Hが真である」，Bは「テスト命題Tが真である」であり，①を前提にして，②を実験や観察によって確かめることにより，③が導き出される。しかしこの推論形式は「後件肯定の誤謬」といわれるものであり，論理的には妥当ではない。なぜならば，テスト命題Tが真となるような仮説が他にも存在するかもしれないのに，その可能性は排除されていないか

(道田泰司)

コラム⑤

らである。そのような代替仮説が存在するかぎり，単純にテスト命題Tが真であったとしても，そこから仮説命題Hが真であることを主張するのは「誤謬」になる（後件の肯定と批判的思考に関しては道田・宮元(1999)を参照）。

そこで登場するのが，「独立変数の設定」や「剰余変数の統制」という実験法の道具立てである。本書2章(p.21)に出てきた「薬を飲んだら病気が治った」という例でいうと，自然治癒や暗示の効果という仮説を排除するために，統制群や偽薬群が必要になる。個人差や偶然という仮説を排除するために，ランダム割り当てやマッチングによる，一定数以上の被験者が必要になる。他にも実験結果に影響を与えそうな要因があれば，それらはコントロールされる必要がある。そうすることによって，研究者が意図した推論以外の推論が成り立つ余地を一つずつシャットアウトする。それが実験法における要因統制の意味なのである。

マニュアルに従ったり先行研究に準じれば，それなりの実験を計画することはできる。しかしその気になれば，心理学研究を通して思考力を養うこともできる。あることを考えるのに，代替案はないかをも考えながら総合的に判断する，批判的思考力である。そのためには，自分で実験を計画するときも，他人の論文を読むときも，「この独立変数を設定することで，どんな仮説が排除できるか」「何のためにこの剰余変数を統制しているのか」を考えることである。さらに，「この研究法で排除できていない仮説はないか」「この研究結果を，別の仮説で説明できないか」が考えられるようになると，実験法や批判的思考のセンスがいっそう磨かれるはずである。このような思考を常日頃から行なうことで，研究上はもちろんのこと，日常生活の中で合理的にものごとを見たり考えたりすることができる，汎用性の高い批判的思考力を身につけることができるはずである。

■引用文献■

道田泰司・宮元博章　1999　クリティカル進化論－OL進化論で学ぶ思考の技法－　北大路書房

Smith, R. A. 1995 *Challenging your preconceptions: Thinking critically about psychology*. CA: Brooks/Cole.

第3部 要因計画法の展望

7章は，紙上の卒論指導会である。研究の概要がケースとして示してあるので，よく読んで論理や分析方法の不備を探し出してみてほしい。きっと，思考のトレーニングになるだろう。最後の8章では，分散分析を使った論文の概要をまとめておいたので具体的なイメージ化の助けになるだろう。

7章 研究計画のドリル

1 この章を読むにあたって

　本章は計画の立案，実施後の処理，考察などの一連の流れに関する紙上演習の章である。

　以下には8つの心理学実験の概要があるが，これらのケースは，いずれも研究の計画や実施あるいは結論づけに不備がある。もちろん，その不備は，読者の思考トレーニングのために意図的に作られたものである。

　したがって，読者諸君は，まず，各ケースの題目，問題，方法，結果，考察，要約を読んだところで，一度立ち止まってみる。そして，このケースに書かれた研究目的の論理，統計処理の適切さ，結論の妥当さなどを，よく点検してもらいたい。何かに気づいたら簡単にメモしておいてもよいだろう。そして，それができたら，引き続いて本文の「問題点（コメント）」の部分を読み進んでみよう。そこに書かれたことは，卒業論文や修士論文の指導会で学生の発表に対して指導教授が指摘することと，ほぼ同じである。それは，あなたの気づきのメモと同じだっただろうか？　くらべてみてもらいたい。これから卒論を始める人には，まさしく，「転ばぬ先の杖」「人のふり見て我がふり直せ」のことば通り，きっと自分の研究計画や実施のヒントになるだろう。

　なお，これらのうちのいくつかは，明らかにまったくの仮想課題である。実証され認められた事実ではない。したがって，結論が心理学の定説であると信じないようにしていただきたい。あくまでも，これらのケースは，思考トレーニングの練習課題であるから。では，始めよう。

2 同時通訳のコミュニケーション・スキルを高める教授法の開発

問題　わが国の英語教育は読み書き・文法中心にかたよっていて，聞くことや話すことの教育が等閑視されているとの指摘がなされている。とくに，

② 同時通訳のコミュニケーション・スキルを高める教授法の開発

同時通訳の語学力に関する訓練プログラムの教育研究は、ほとんど着手されていない。

英語を日本語に同時通訳するときには、耳で英文を聞きながら理解し、それを日本語として翻訳していく。たとえば、We have math tests every week. という場合（以下、原語とよぶ）、「私たちは毎週数学のテストがあります」などと通訳するだろう（以下、通訳語とよぶ）。この通訳過程における心的操作を論理分析してみると、語順の違い、述語の言い回し、同意語の選択等の点で、通訳の困難さがある。たとえば、語順の違いについては、述語（have）が文の第2番目（We の後）に位置しているので、これを通訳語（日本語）に翻訳するときには述語（have）を日本文の末尾（あります）に移動させる操作を要する。この操作は文が長いほどむずかしい。この他にも瞬間的に多くの判断を要するので、同時通訳の能力を育成するには、学習者の心理的な頑強さ（メンタル・タフネス）が必要だといわれる。それゆえ、この訓練には失敗にくじけず継続して促進させるような教授法を開発する必要があろう。

われわれは、最近、中学生を対象として、短期間の講習で同時通訳力を身につけるような教育プログラムを開発した。この教授法は、会話のパフォーマンスを強調し、文法の誤りをとがめない、さらに通訳語（日本語）に相当する単語等が不明のときには原語（英語）のまま日英語を交えて通訳させる訓練技法である。このほど、短期間のセミナーにおいて、この技法が従来の教授法とくらべて効果的であるとの結果を得たので、セミナー当日の2つの授業プログラムとともにここに報告する。

方法

実験計画 あらかじめ英語力のほぼ同質な2群を設定する。この2条件群に対して、それぞれに異なる教授法による授業を行なう。最後に、この2群の成績を比較して有効性を検討する。

条件1　発話重視群（開発した教授法による授業）　教師が会話のパフォーマンスを奨励し、文法の誤りをとがめず、日英語を混ぜた通訳を許容する教授法で学ぶ群

条件2　統制群（従来の教授法による授業）　従来通りの授業によって学ぶ群

被験者 中学生向けの「夏休み英語セミナー」に参加した中学2年生。英語

→日本語訳，英語→英語訳のかなり網羅的なテストをして，通訳者ペースのゆっくりとしたスピードでならば文法・意味内容ともにかなり適切に通訳できる者を選び出し，その成績と性別の同じ者の対を両群のそれぞれに12名ずつ割りつけていった（マッチング）。

手続き　1日50分4単位時間の授業を3日間実施。最終日に一人ひとり個別に英語力のテストをした。各人に対する条件をそろえるために，日本の観光についての5分間の英語記事をVTRに撮り，これを被験者に見せて，同時通訳を求めた。そのようすを別のVTRに撮った。これを英語の専門家2名が別々に視聴して，生徒が通訳するときの語学力を5点満点で評定した。

結果

1. 得点化

　この評定者2名の得点間の相関係数は各群および全体のいずれも0.82以上，カッパー係数を用いた一致率も0.73以上と高かったので信頼性が高いとみなし，両名の合計得点（10点満点）を分析に用いた。

2. 分析

　発話重視群，統制群の平均値と標準偏差を表7-1に示す。独立2群の t 検定にかけたところ，発話重視群のほうが統制群よりも平均値が有意に高かった（$t(22)=5.83$，$p<.01$）。したがって，発話重視の教授法は従来の教授法よりも同時通訳の語学力の育成に効果的であることが明らかになった。

考察　これまで同時通訳の語学力育成の訓練プログラムは数多く提案されてきた。そのうちのいくつかは一定の評価を受けてはいるが，ほとんどが理論的な観点から提案されたものであり，有効性については必ずしも一致した評価は得られていない。本研究は，開発した訓練プログラムを具体的な実践にかけて，それを実証的に評価したものである。したがって，この教授法の有効性が検証されたことは意味あることと考えられる。

　しかしながら，いくつかの課題も残されている。第一に，本研究は，短期的，集中的なセミナー形式による教授法に基づいていた。したがって，この訓練プログラムが週に何時間かの分散的なスケジュールの場合にも効果的であるかどうかは，まだ明らかではない。これは今後の課題として残された。また，本研

② 同時通訳のコミュニケーション・スキルを高める教授法の開発

●表7-1　発話重視群と統制群の平均値(標準偏差)

条件群	ケース数	平均値（標準偏差）
発話重視群	12	7.25(1.36)
統制群	12	4.42(1.00)

究での促進的な効果がどの程度の期間，持続するかも明らかではない。これについても，さらに追究していく必要があるだろう（訓練プログラム省略）。

要約

英語－日本語の同時通訳者育成の訓練プログラムを開発し，それを評価するために，このプログラムによる教授法で学んだ中学2年生12名（発話重視群）と従来の教授法による中学2年生12名（統制群）の成績を比較した。その結果，発話重視群の通訳力得点の平均値は有意に統制群より高く，このプログラムの有効性が実証された。今後は，その効果を継続的に追跡調査していくこと等が考察された。

問題点・教授からのコメント

「結論の一般化には注意せよ」

この研究は動機づけ研究と英語教育との両方にまたがるテーマであり，またテーマ自体も独創的で，実用性を備えている点でも評価できる。同質な2群を作るマッチング，訓練後の測定の方法，得点化段階での信頼性の押さえ等もかなり適切になされている。訓練プログラムを提案して実証した点に，この領域での独創性がみられる。今後の課題も具体的に討論されている。

ただし，問題点もいくつかある。最も大きな問題は，この研究の結論づけである。結論では訓練プログラムの有効性があると結論されているが，これは限定されるべきである。

実際に，異なる学年・校種でも成立するかどうかをみるために，高校2年生を対象に実施した場合の，独立2群の t 検定の結果を次の表7-2に示した。それによると，統制群の方が発話重視群よりも有意に高く（$t(22)=6.16$, $p<.01$），これは中学生の場合とは逆の結果になった。したがって，本研究の結論は限定されるべきことになる。

もしも最初から，被験者を中学2年と高校2年という校種（2）×教授法

第3部　要因計画法の展望

7章　研究計画のドリル

●表7-2　高校2年生を対象とした両群の平均値(標準偏差)

条件群	ケース数	平均値（標準偏差）
発話重視群	12	4.67(1.07)
統制群	12	7.58(1.24)

●表7-3　校種（2）×教授法（2）の平均値と標準偏差

校種＼実験条件	発話重視群	統制群
高校生群	4.67(1.07)	7.58(1.24)
中学生群	7.25(1.36)	4.42(1.00)

各群　$n=12$

●表7-4　校種（2）×教授法（2）の2要因分散分析表

変動因	平方和(SS)	自由度(df)	平均平方(MS)	F	p
校種	1.021	1	1.021	0.739	n.s.
教授法	0.021	1	0.021	0.015	n.s.
交互作用	99.188	1	99.188	71.840	<.001
誤差(error)	60.750	44	1.381		
全体(total)	160.979	47	3.425		

　（2）の計画に組んでいたならば，分析結果も表7-3のようにまとめ直され，検定としては被験者間2要因の分散分析を用いることになる（5章参照）。実際に分散分析を行なったところ，教授法，校種の2つの主効果はともに有意ではなく，この交互作用が有意となった（表7-4参照）。したがって，本研究の結論は中学2年生だけに限定される効果であることになろう。高校2年生ではむしろ逆効果であり，この点を新たに考察して，次の研究へと移っていくことになる。結論の一般化に注意すべきである。なお，以下にデータを示しておくので計算してみるとよいだろう（各群12名×4群）。

　　中学生－発話重視群　8, 6, 5, 9, 7, 8, 9, 5, 8, 7, 8, 7
　　中学生－統制群　　　3, 5, 4, 4, 5, 4, 3, 6, 6, 4, 5, 4
　　高校生－発話重視群　4, 4, 5, 7, 3, 4, 5, 5, 6, 4, 4, 5
　　高校生－統制群　　　9, 8, 7, 9, 8, 9, 6, 5, 8, 7, 7, 8

③ 集中的グループ体験が花粉症患者の抑うつ感の改善に及ぼす効果

問題　集中的グループ体験のひとつとして知られるベーシック・エンカウンター・グループ（basic encounter group：基本的出会いグループ）による

③ 集中的グループ体験が花粉症患者の抑うつ感の改善に及ぼす効果

経験は，個人の成長や，個人間のコミュニケーション，あるいは対人的なトラブルの改善などに対して非常に効果的であるという実践報告がある。

この研究は，新入学の大学生で，しかも花粉症に悩む者に対して，新しい環境への適応行動の心的負担を軽減することを目的として実施されている。

花粉症は，くしゃみ，鼻水，鼻づまり，眼のかゆみなどを主症状とするアレルギー反応である。とくにスギ花粉症は，毎年の春の訪れとともに，多くの患者が発生することで知られる。この治療には，外科的，内科的ないくつかの治療方法が試みられているが，一般的には薬の服用によって症状をおさえるのが通例である。時期が過ぎれば症状は収まるが，翌年の同時期にはまた症状が出るのがふつうである。患者にとっては，不快感をともない，わずらわしく，やっかいな毎日が続く。

新入学の大学生は，異性や自己への関心が急速に高まり，対人的行動のふるまいに敏感になる発達段階にある。そこで花粉症に悩む青年は，ときに抑うつ的，悲観的になり，対人的に深刻な状態になることもある。今回試みたグループ体験は，このような症状を訴える大学生で構成されている。もちろん，グループ体験によって花粉症が治まるわけではないが，情意的な安定感，抑うつ感の軽減をもたらすことができるのではないかと考え，グループ体験を計画した。

方法

実験計画 グループ体験の直前・直後の2回にわたって，自記式のアンケート調査を実施し，その変化を調べる。アンケート項目は，耳鼻科の医師が花粉症の問診に用いる自覚症状のリスト5項目である。いずれにも，「はい」「いいえ」の2件法による回答を求め，その合計によって抑うつ感得点を算出した。

被験者 大学の保健管理センターで掲示によって募集し，応募してきた学生16名。

手続き 連休を利用した2泊3日の日程で，大学のセミナー用の宿泊施設を利用した。ファシリテーターの役割は保健管理センターのカウンセラーが行なった。16名の参加者に対して5項目からなる質問用紙を配布し，各自に記入を求めたところ，15名の協力が得られた。グループ体験の終了後にも同一の5項目について回答を求めた。これには10名の協力が得られた。

●表7-5 グループ体験による抑うつ感得点の平均値（標準偏差）の変化

	参加前	参加後	t	p
平均値（標準偏差）	4.80(0.42)	2.90(1.20)	5.46	<.01

$n=10$

結果　グループ体験参加の前後に両方とも回答した10名について，対応のある2群の平均値の比較（t 検定）を行なった。その結果が表7-5である。参加前－参加後の間には，有意な平均値の下降が認められた（$t(9)=5.46, p<.01$）。したがって，集中的グループ体験によって参加者の抑うつ感の自己報告得点が低下したことが明らかになった。

考察　花粉症による鼻づまりや頭痛のような不快感，さらにそれが相手へ悪印象を与えるのではないかという対人的な心配・不安は多くの者が経験することである。新入生で花粉症に悩む学生にとっては，いわゆる5月病や新しい環境への不適応を加速させる恐れもある。本研究の結果は，集中的グループ体験が参加者の自己報告による抑うつ感を軽減させる効果のあることを実証している。したがって，新入学の学生にはさらに周知を図り，参加を呼びかけることを考えることも可能となる。

　残された点もある。参加者の個人過程について，もっと多面的な情報を得るべきであった。花粉症をもつ学生の自己イメージ，大学やクラスメートの印象などについて，自由記述やインタビューをつけ加えて，さらに心的な過程を追究する必要がある。

要約　新入学生で花粉症に悩む大学生16名（男子6名，女子10名）が2泊3日の集中的グループ体験に参加した。参加の前後に実施した自己報告による抑うつ感得点の平均値は有意に減少した。これらのことから，鼻づまりなどの症状によって起こる不快感や抑うつ感が集中的グループ体験によって心理的に軽減されることが明らかになった。最後に，参加者個人の心的過程についてさらにつけ加えて調査を重ねることの必要を考察した。

3 集中的グループ体験が花粉症患者の抑うつ感の改善に及ぼす効果

問題点：教授からのコメント

「脱落ケースに注意せよ」

　この研究では，最初に15名いた回答者数が，グループ体験後には10名に減少してしまっている。もちろん，どうして脱落したのかは不明であるが，どんな学生が参加後に回答し，どんな学生が回答しなかったのかを考えてみる必要があるだろう。志願した16名は，集中的グループ体験に参加する前には，何らかの期待や想像があっただろう。それは，参加後にどのように変化したのだろうか。その変化が回答行動の有無に反映してはいないだろうか。

　これを確かめるために，回答をしなかった5名に，重ねて回答を求めた。そして，表7-5にある10名（完全回答群とよぶ）と，追跡して回答を依頼した5名（不完全回答群とよぶ）の合計15名のケースに関して，対応のある2群の平均値の比較（t検定）を再計算して実施してみた。その結果が表7-6であり，参加前－参加後には有意差はみられなかった（$t(14)=0.65$, n.s.）。つまり，本報告の結果とは異なる結果が得られたことになった。

　ここで，不一致の理由を考えてみよう。表7-7に，この研究で分析した最初の10名の平均値を上段に示した。追加分5名のみの平均値を下段に示した。これを見ると，不完全回答群は逆に得点が増加しているようである。つまり，抑うつ感得点が増加傾向にある参加者の多くが，参加後の回答を拒否した可能性が認められるのである。研究の意図に沿うような参加者が前後2回とも回答し，そうでない参加者が参加後の回答から脱落したのかもしれない。もしそうなら，これは問題である。

　それでは，このような失敗を防ぐにはどうしたらよいだろうか。ひとつの方法は，集中的グループ体験を経験しない群を用意して，これを統制群とするこ

●表7-6　追加調査に基づき再計算した平均値（標準偏差）の変化

	参加前	参加後	t	p
平均値（標準偏差）	3.73(1.62)	3.33(1.23)	0.65	n.s.

$n=15$

●表7-7　再計算結果の内訳でみた平均値（標準偏差）の変化

	参加前	参加後
完全回答群（$n=10$）	4.80(0.42)	2.90(1.20)
不完全回答群（$n=5$）	1.60(0.55)	4.20(0.84)

とである。そして，集中的グループ体験の有無（2）×参加前（第1回目）－参加後（第2回目）調査（2）の2要因分散分析に持ち込むことである。最初の要因は被験者間要因，後の要因は被験者内要因であり，分析のモデルは6章に詳しい。もちろん，この方法でも研究目的からみると方法論的な欠点は残ってはいるが，本研究よりは明らかに慎重な計画になっているだろう。

　本報告は，花粉症に悩む新入学の大学生を対象にしている点で，集中的グループ体験に関する研究に貢献しており，現実的な意味でも評価できるだろう。このような問題は，アトピー性皮膚炎など，ほかにもあるので，セルフヘルプ・グループに関する研究として位置づける試みができるかもしれない。

　ケース数が少ないのは集中的グループ体験の性質上，やむを得ないだろう。

　なお，参加者の男女の性別については，結論の部分にしか書かれておらず，脱落者の男女数が明らかではない。今後，別のファシリテーターによる場合や性別要因を扱うときのために，報告しておくことが望ましい。

④ 信念の変更に寄与する説得法

問題　落ち込んだときに友人に励まされたり，キャッチセールスにつかまったりして思いがけないものを買ったりするように，われわれのこころは他者に操られることがある。人はそれぞれ独自の信念や価値観をもっているが，それらの態度や行動の変容にはどのような順序呈示方法が影響を及ぼすのだろうか。そうした説得的コミュニケーションの呈示方法を検討する。

方法　　実験計画　賛否両論のある以下の2つのテーマ，
　　　1）シートベルト着用の是非
　　　2）スポーツが体に及ぼす影響の是非
　について，2種類の説得方法,
　　　1）科学的・論理的根拠で説得する
　　　2）具体的事例をあげて説得する

を用いて，最初に被験者が述べた意見とは反対の意見をもたせるよう説得し，

その効果を検討する。

被験者 大学生男女計40名。

手続き 1人の被験者について，シートベルト着用の是非について問い，「必要である」「どちらかというと必要である」と答えた者に対しては，科学的・論理的根拠（学者・研究者の論文・著書より引用）あるいは具体的事例（新聞記事）を述べたもので「着用しないほうがむしろ安全だ」という意見に変えるよう説得する。また，最初に「必要でない」「どちらかというと必要でない」と答えた者に対しては，「安全のためには必ず着用すべきだ」という意見に変えるよう，上記2種の方法のいずれかで説得する。

同様に，スポーツをすることの是非を問い，「健康なことに違いない」「どちらかというと健康なことに違いない」と答えた者にはスポーツのよくない効果を説明し（科学的・論理的根拠で，あるいは事例で），むしろ健康を害することがあるという意見に変えさせる。はじめに「かえって体に悪い」「どちらかというとかえって体に悪い」と答えた者には，いかにスポーツが体によいかを上記2種の方法のいずれかで説得する。

それぞれ事前テスト（pre-test）→説得→事後テスト（post-test）の形式をとる。意見の強さは，それぞれ上記のような4件法（いずれも，必要あるいは健康によい方向を＋2点，そのまったく逆を－2点とした）で答えさせた。

結果 唱導方向への変化の大きさを，絶対値（事前テスト－事後テスト）で算出した。シートベルトは「必要ない」(-2)が，「どちらかというと必要だ」($+1$)に変わったとすれば絶対値 $|-2-(+1)|=3$ 点となる。逆に「必要だ」($+2$)が「どちらかというと必要ない」(-1)に変わったとすると絶対値 $|+2-(-1)|=3$ 点で，同じ得点となる。

シートベルト課題についてみると，具体的事例引用説得群の平均変化量は1.25（標準偏差0.72，データ数20），科学的・論理的根拠での説得群は平均0.55（標準偏差0.67，データ数20）であった。検定の結果，2つの説得方法の違いによる効果の得点には有意な差があった（$t(38)=3.102$, $p<.01$）。

同様にスポーツ課題についてみると，具体的事例引用群では0.85（標準偏差

第3部　要因計画法の展望

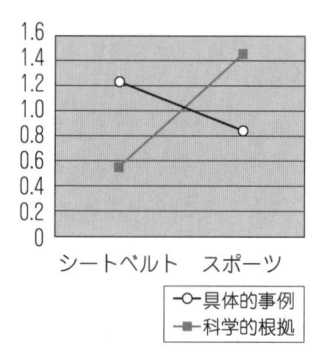

7章　研究計画のドリル

●図7-1　説得方法による説得の唱導方向への変化

0.73, データ数20), 科学的・論理的根拠群では1.45（標準偏差0.92, データ数20）であった。検定の結果，ここでも有意な差がみられた（$t(38)=2.227$, $p<.05$）。以上を図示したのが図7-1である。

　以上より，シートベルトでは新聞報道などの具体的事例を用いた説得がより唱導方向への変化を導きやすく，逆に，スポーツの話題については，専門家の科学的解説がより効果をもつといえる。

　また，具体的事例の効果についてみれば，シートベルトの話題とスポーツの話題では効果的に差はみられず，科学的・論理的根拠に基づく説得では，スポーツの話題のほうがはるかに強く効果を及ぼすという結果が得られた（$t(38)=3.447$, $p<.01$）。

考察　話題によって説得方法の種類の効果が異なるのはなぜであろうか。
　　　シートベルトについては，着用の義務が法律で定められていることは全員が知っていた（検査後，それぞれの話題の自我関与度を測るため，免許証を持っているか，何かスポーツをしているかなど，話題に関係することがらをいくつか問うた中の1つの質問項目より）。このことから，基本的には必要ない，と意見が変わるのは外的抑圧がかかっているという意味でむずかしかったのであろう。また，全員が事前テストでは2点または1点（「必要だ」の意見）であった。
　　しかし，この話題では，実際にシートベルトをしていたために脱出できず死亡したという新聞記事を読まされると，法的にそうであっても，「もしかする

としないほうが安全なのかも」と考えさせるだけの情緒的訴えの力があったと考えられる。そのために，いくら専門家が「必要ない」と言っても，それよりも情緒に直接訴える新聞記事のほうが強かったのであろう。

　一方，スポーツについては，スポーツが体に及ぼす影響という観点からの意見であり，一般常識として「体によい」と考えているが，研究者に「いい汗をかいた」というときの汗は，「冷や汗と同じで，体にとってはピンチをあらわしている」などと言われると，「そうかなあ」と意見を変えてしまうことが多いのではないだろうか。

要約

　大学生男女計40名に，2つの話題についての考えを問い，その後2種類の対立する意見を書いたものを読ませ，それを中心に本人が当初抱いていた考えとは逆の方向に唱導した。

　シートベルトの着用のような，法律などの外的な抑圧のかかったことがらについての意見の変化は，新聞記事のような具体的な逆の事例を持ち出すことで意見の変容を生み出しやすく，スポーツが体に及ぼす影響のような，どちらかといえば自我関与の低い話題については，専門家の意見など理性的な意見に影響されやすいことがわかった。

問題点：教授からのコメント

「平均値が独立でないことを忘れちゃダメ」

　この実験は，なかなかおもしろいことに着目している。たしかにひとまず相手の意見を聞き，それと逆の方向に唱導したい場面は多い。ここでは人工的な課題を用いたが，かなり現実性のある課題でもある。

　さて，最もまずいのは，実験計画のたて方であろう。ここでは独立変数に話題の種類，説得する方法と，2要因各2水準の最も簡単な分散分析のモデル（被験者間・内混合2要因計画）を適用できる形式をとっている。それにもかかわらず，分析では話題の種類別に「2つの平均値の差の検定（t検定）」を選んで，わざわざ面倒な方法をとっている。そのままうまく進めればよかったが，ここで，図7-1の説明に及んで，同じ説得方法での異なった話題に対する効果の差の検定をやってしまった。これは，同じ被験者内でのくり返し試行の中での平均の検定であり，事前－事後テスト間での成績の比較に等しい。

相関する母集団から 2 つの標本を抽出し，その標本の平均を $\bar{X}_1$, $\bar{X}_2$, 標準偏差を s_1, s_2, 相関係数を r, 標本の大きさを n とすると，もしこれが独立した 2 つの標本であれば

$$t = \frac{\bar{X}_1 - \bar{X}_2}{\sqrt{\dfrac{S_1^2 + S_2^2}{n-1}}}$$

でいいのに，相関が存在するばかりに，分母のルート内の分子（2 つの分散の和）から，$2rs_1s_2$ を引かねばならない。

$$t = \frac{\bar{X}_1 - \bar{X}_2}{\sqrt{\dfrac{S_1^2 + S_2^2 - 2rs_1s_2}{n-1}}}$$

すなわち，独立の 2 標本とは，r がゼロであるから，この部分の項が消えた特殊なものである，と考えることができる。比較すべき等しい数の標本が，相関がゼロで存在するのはむしろまれなケースと考えるべきであろう。

5 アイコンタクトと印象形成

問題 コミュニケーションの中でも非言語的コミュニケーションに注目し，アイコンタクト，対人距離（着席行動）と自己開示，印象形成の関係について検討する。

方法 〈実験計画〉 実験者（評定されるターゲット）は男女 2 名（固定）。男性実験者で男性被験者20名，女性被験者20名。それぞれ半数ずつアイコンタクトのあり・なしの群となった。女性実験者でも同様に男性被験者，女性被験者各20名。それぞれアイコンタクトの有無で10名ずつに分かれた。すべて個別実験。

独立変数はターゲットの性別，着席行動，アイコンタクトの有無，被験者の性別，性格の外向性得点。従属変数は被験者が実験者を注目している時間，および実験者の印象評定。

〈被験者〉 大学生男女各40名
〈手続き〉 a．被験者の募集：K大学構内で「おもしろい心理学の実験をして

います．ほんの４，５分で終わりますのでぜひ協力してください．ささやかですがお礼にお菓子くらいは差し上げます」と言って，協力してくれる人を募る．直前の確認の連絡用に名前と電話番号をメモする．

b．実験室にて：以下のように実験を進める．

1) 被験者を実験者が待合室から実験室に招き入れ，「私はあの席に座りますが，あなたは好きな席に座ってください」と言って，座る席を選んでもらう．（この，最初の導入の段階から視線の統制を始める）

2) 「これから隣の部屋で待機している人とある共同作業をしていただきます．その際，あなたのことをいろいろうかがうことがあろうかと思いますが，次の項目についてどれくらいまでなら答えられますか？　参考のためにお聞かせください」と告げる．

3) 「たとえば，政治についてのあなたの考えが100あるとします．それを全部話せる場合は"全部"と，50くらいなら"半分"と，少しくらいなら"少し"と，また，話したくない，あるいは本当のことは言いたくないという場合は"話したくない"と言ってください」と，開示の程度の説明をする．

4) ①政治のこと，②性のこと，③異性のこと，④家庭のこと，⑤将来の夢のこと，⑥お金に対する考え方のこと，⑦長所，⑧悲しい経験，⑨顔のこと，⑩悩みのこと，それぞれについて，中身ではなく，どの程度まで答えられるかを，上の４件法で答えるように教示する．

5) 自然の雑談をする（視線の統制は行なったまま）．次に，学部や学科や名前，名前の漢字の書き方，クラブ・サークルのことなどを組織的に質問する（視線の統制は行なったまま）．

6) 「それではここで，あとの作業のために少し性格検査をさせていただきます」と言って，YG性格検査の思考的外向，社会的外向の測定項目を口頭で読みあげ，「はい」「いいえ」「どちらでもない」を口頭で答えてもらう．ここまでアイコンタクトの有無を統制する．

7) 終了後，「ちょっと待っていてください」と言って実験者は出て行き，助手が替わりに部屋に入る．助手は「すみません，共同作業をしていただく前に，さきほどあなたにいろいろと質問した人が，"自分はどんなふう

に人に映っているのだろう"ということについて非常に知りたがっています。作業の前にちょっとこの用紙に記入していただけますか？」と，印象評定の尺度（林，1991）を用いて7件法で答えてもらう。
8) その後，実験者が再び入室し，「じつは共同作業をしていただくと申しましたが，実験はこれで終わりです。どうもありがとうございました」と述べ，最後に謝礼を渡して別れる。

結果

1. 着席行動と自己開示

実験者（面接者）の正面の椅子を選んだ場合をH，それ以外の席に座った者をLとし，自己開示の領域ごとにH群とL群の自己開示得点の差を検定した。その結果，基本的にはH群の被験者のほうがL群より開示得点が高い（「④家庭のこと」についてはL群のほうが高かった）が，統計的に有意な値になるほどの違いはなかった。しかし，「③異性のこと」においてのみ有意な得点の差がみられた（$t(78)=2.25$, $p<.05$）。

2. アイコンタクトと視線の誘導

アイコンタクトを操作した期間（上記手続きの1)～6)：期間1）と，操作をはずした期間（7)～8)：期間2）のそれぞれで，被験者が実験者に視線を投げかけている時間を合計し，その期間の合計時間で割ったものを100倍して，被験者のそれぞれの「視線得点」とした。分散分析の結果，アイコンタクトの主効果がみられた（$F(1, 78)=4.23$, $p<.05$）。アイコンタクトの操作をやめると，それまで意図的に多くしていたものは減り，意図的に規制していたものは増えているという，交互作用の傾向がみられたが，統計的には有意な変化ではなかった。

3. アイコンタクトと印象形成

アイコンタクトの有無による印象形成の違いを検討した。その結果，いずれの要因においても，アイコンタクトありの条件のほうが得点は高かった（$t(78)=2.28$, $p<.05$，および $t(78)=2.35$, $p<.05$）。要因別に検討してみると，印象のうち，「個人的親しみやすさ」と「力本性」においてはアイコンタクトの有無で有意な印象の違いがみられた。「社会的望ましさ」の要因では差はみられなかった。

5 アイコンタクトと印象形成

考察　自分をどの程度さらけ出すか，ということと，面談をしようとするときの着席行動との間にはそれほど大きな関係はみられない。「異性のこと」を相手に言おうとするときには，斜に構えて座るより，真正面に向かうようである。重要な話題についてはきちんと向かい合って語る，という意味であろう。

アイコンタクトは，きちんと相手に向かって視線をなげかけながら話をするほうがそうでない場合より，より多くの注意を話し手に向けることがわかった。また，意図的に多くのアイコンタクトをとる／とらないの条件別では，ふつうの状態にもどすと前者では減り，後者では増えることがわかった。このことは，実験の統制がうまく効いていたことを示唆している。

また，アイコンタクトをとることは，相手に親しみやすさと自信を感じさせる反面，とくに社会的望ましさを高めるような効果はないことがわかる。これは，本来の人間性を高めるような効果より，むしろみせかけの親しみやすさ・自信といったものを表わす道具となっていることを示唆している。

要約　アイコンタクトの力について，大学生男女各40名で，印象評定の実験を行なった。アイコンタクトを意図的に多くとることによって相手に親しみやすさや自分のもっている自信を印象づけることがわかった。

問題点：教授からのコメント

「にせ情報を流す方法しかなかったの？」

この実験は，非常に周到に計画をたて，なかなか興味深い研究を行なっている。ただ，変数をたくさん想定しすぎて（ターゲットの性別，着席行動，アイコンタクトの有無，被験者の性別，性格の外向性得点など），かえって研究全体の目的がぼんやりとしたものになってしまっている。

本研究で最も気になるのが，研究の倫理的な問題である。本研究は社会心理学的研究では避けて通るのがむずかしい，いわゆる「にせ情報による研究（deception study）」であるが，医学研究における「インフォームド・コンセント」，心理学における「にせ情報による研究」の倫理基準からみてもいくつかの問題を含んでいる。

123

第3部　要因計画法の展望

7章　研究計画のドリル

一つは、「4, 5分のおもしろい実験」ということで被験者を集めている点、二つ目は「あとで共同作業をしてもらうためのいくつかの質問」で、じつはそれで終わりである、との deception。これらが、以下の基準（ 参考 参照）のどこに抵触するか、ぜひ考えてみよう（解答は p.140）。

参考

医学研究でのインフォームド・コンセントの基準（Kimmel, 1996）
1．研究全体にわたる目的を告げること。
2．その研究への参加者にどのような役割をしてもらうのかを告げること。
3．どのようにして、また、なぜあなたを被験者として選んだのかを告げること。
4．どのくらいの時間がかかるか、どんな状況設定か、どんな人とその実験でかかわることになるのか、等の手続きを説明すること。
5．実験でのリスクや予想される不快感をはっきりと述べること。
6．謝礼（謝金）を含めて、研究に参加してもらうことによる利益をきちんと告げること。
7．もし可能なら、別のやりかたもあることを公開すること（医学研究ではより重要）。
8．疑問・質問には何でも答えることを告げること。
9．被験者になろうとする人は他の人とその実験への参加について相談してよいことを告げること。とくに相当の危険性がともなうときには必要である。
10．研究への参加者はいつでもやめることができ、仮にそうしても本人に悪い結果が出たりしないことを告げること。
11．もし可能なら、はじめに与える情報は不十分なものであり、実験の後により詳しい話をするということを述べること。

にせ情報による研究（APA 倫理規定6.15：Canter et al., 1994）
（a）　心理学研究者は、行なおうとする研究で期待される科学的・教育的またその他の意義でその研究で用いられるにせ情報による研究がどうしても必要であると考えざるを得ない場合、あるいは、にせの情報を含む手順を用いずにそれに替わるような手順がどうしてもみつからない場合をのぞいて、にせ情報を含む手法を使った研究を行なうべきではない。
（b）　心理学研究者は、研究への協力者（被験者・被調査者等）に対して、身体的な危険性、不快感、不快な感情経験等、研究参加の意思に影響を与えるようなことについてにせの情報を与えてはならない。
（c）　実験の実施や計画全体に関するその他のいかなるにせ情報についても、できるだけ早く研究協力者に説明をすべきである。その実験の終了時にそれを行なうことが望ましいし、その研究の終結までには必ずそれを行なうべきである。

⑥　障害者に対する態度の変容に情報呈示が及ぼす影響

問題　健常者の障害者に対する態度は概して否定的、偏見的であることが指摘されている（中司，1988）。従来の偏見解消に関する研究の多くは、障害者との接触体験が障害者に関する情報の獲得をうながし、偏見の解消をもたらすとの見地から行なわれてきた。

6 障害者に対する態度の変容に情報呈示が及ぼす影響

　障害者との接触形態は，障害者との直接的な相互作用を中心とする直接的接触と個人的な情報を呈示するなどの間接的接触に分類することができるが，学校教育において相対的に利用しやすい方法は間接的接触であろう。山内（1996）は，視覚障害者に関する情報を呈示する間接的接触が視覚障害者に対する態度の変容に及ぼす影響を検討している。大学生に「あなたと同世代の盲学校の学生が本を朗読したテープです」と教示して録音テープを聞かせ，テープを聞いた前後の視覚障害者に対するイメージを調べたところ，一部の因子に関して視覚障害者に対する態度が有意にポジティブな方向に変容することが明らかになった。

　ところで，山内（1996）の呈示情報は聴覚情報であったが，情報におけるモダリティの違いは，態度変容に異なる効果をもつだろうか。チェイキンとイーグリー（Chaiken & Eagly, 1976）は，ある企業の労使交渉の事例について法律学校の学生が討論している内容を，文書，録音，ビデオのいずれかで与え，これが態度変容に及ぼす影響を検討している。この研究ではさらに，メッセージの複雑さの操作も行なわれた。実験の結果，メッセージが単純な場合にはビデオが，複雑な場合には文書が態度変容に効果的であることが明らかになった。

　以上より，障害者に対する態度の変容に有効な情報のモダリティも，条件によって異なることが推測される。そこで本研究では，障害者に対する態度の変容に視聴覚情報への接触がどのような効果をもつかを検討する。

方法

実験計画　視聴覚情報接触の前後に障害者に対する態度を測定し，その変化を調べる。

　視聴覚情報は，障害者が車椅子に乗って散歩をしている場面，足を使ってワープロをうち，詩を書いている場面，足の指で筆を握って絵を描いている場面などから構成される約2分間のビデオである。一方，態度の測定は，「親切な－不親切な」「明るい－暗い」などの30項目からなるSD法形式の質問紙によって行なわれた。評定は4件法であり，各項目の合計得点を態度得点とした。

被験者　中学1年生男女各5名

手続き　被験者は，情報接触の1週間前に障害者に対する態度が測定された。

第3部 要因計画法の展望

7章 研究計画のドリル

●表7-8 条件別平均態度得点（標準偏差）

実験群	平均値（標準偏差）
ビデオ視聴前	78.30（12.54）
ビデオ視聴後	96.00（11.90）

被験者は1週間後ビデオを視聴し，その後，障害者に対する態度が再度測定された。

結果と考察

ビデオ視聴前後の平均態度得点を示したのが表7-8である。ビデオ視聴前後の態度変化を検討するために対応のある t 検定が行なわれた。その結果，ビデオ視聴前の態度得点と視聴後の態度得点の間に有意差（$t(9)=3.59, p<.01$）が認められた。これは，ビデオの視聴により，障害者に対する被験者の態度が肯定的な方向に変化したことを示すものであり，日常のさまざまな場面で自立的に行動する障害者の姿をビデオにより視聴することは，健常者の障害者に対する態度の変容に有効であることを示唆するものである。

要約

視聴覚情報への接触が障害者に対する態度の変容にどのような影響を及ぼすかが，中学1年生10名を被験者として検討された。視聴覚情報は障害者の生活に関する2分間のビデオである。視聴覚情報呈示の前後に障害者に対する態度の測定を行ない，その変化を検討したところ，視聴覚情報接触後は，障害者に対する態度が有意に肯定的に変化することが明らかになった。

問題点…教授からのコメント

「統制群をわすれずに」

本研究では，視聴覚情報呈示が障害者に対する態度を変容させるか否かを検討するために情報呈示前と後の態度を測定し，比較している。その結果，有意差が認められ，視聴覚情報呈示は態度変容に有効であるとしている。この結論は，正しいだろうか。

この研究には，実験計画にひとつ問題がある。情報呈示前の態度より情報呈示後の態度のほうが有意にポジティブであることから，視聴覚情報呈示

6　障害者に対する態度の変容に情報呈示が及ぼす影響

は効果的であるとしているわけだが，この変化が情報呈示の効果によって起こったかどうかは，この研究からは明らかにならない。つまり，態度の変化は，態度をくり返し2度測定したことによって起きている可能性が否定できないからである。くり返し態度を問われることにより，被験者が社会的により望ましい反応をした可能性が考えられる。この点を明らかにするためには，実験群のほかに統制群を設ける必要がある。統制群とは，実験群に与えるような処遇を何も被験者に与えない群のことである。この実験に即していえば，何の情報も呈示せずに，実験群の情報呈示前と後の2回の態度測定の間隔と同じ時間をおいて2度，障害者に対する態度を測定する群のことである。この統制群では2回の測定値に顕著な変化はみられないのに対して，実験群ではみられるとすれば，実験群における態度変化は情報呈示の効果である可能性が高まるわけである。このような統制群を用いた実験計画を統制群法という。ちなみに，統制群は設けずに，実験群とは異なる処遇を被験者に与える群を設定して比較する実験計画は，対照群法という。

　では，統制群を設けてデータを追加し，再度分析を行なってみよう。

　ビデオ視聴はせず，ただ1週間の時間をおいて2回障害者に対する態度を測定した統制群と先の実験群の平均態度得点を示したのが表7-9である。今回は，情報呈示前後（2）×実験群・統制群（2）の実験計画になるので，分析には二元配置（要因はくり返し）の分散分析を用いることになる。

　結果を示したのが表7-10の分散分析表である。情報呈示の主効果，情報呈示と群の交互作用が有意であった。単純主効果を検討したところ（表7-11），1回目の測定においては，実験群と統制群の態度得点には有意差はみられないが，2回目では両群の得点に有意差がみられる。また，統制群では，1回目と2回目の態度得点に有意差はみられないが，実験群においては有意な増大がみられた。交互作用をグラフに表わしたのが図7-2である。以上より，実験群における態度の変容は，単なるくり返しの効果ではなく，ビデオによる情報呈示

●表7-9　条件別平均態度得点（標準偏差）

条件	N	ビデオ視聴前	ビデオ視聴後
実験群	10	78.30(12.54)	96.00(11.90)
統制群	10	78.10(12.33)	77.60(10.79)

第3部　要因計画法の展望

7章　研究計画のドリル

●表7-10　群（2）×呈示前後（2）の分散分析表

変動因	平方和（SS）	自由度（df）	平均平方（MS）	F	p
群　　（A）	864.9000	1	864.9000	3.45	n.s.
個人差（S）	4516.1000	18	250.8944		
呈示前後（B）	739.6000	1	739.6000	11.50	<.01
A×B	828.1000	1	828.1000	12.88	<.01
S×B	1157.3000	18	64.2944		
全体（total）	8106.0000	39			

●表7-11　単純主効果の検定結果

変動因	平方和（SS）	自由度（df）	平均平方（MS）	F	p
A（b_1）	0.2000	1	0.2000	0.00	n.s.
S（b_1）	3093.0000	18	171.83333		
A（b_2）	1692.8000	1	1692.8000	11.81	<.01
S（b_2）	2580.4000	18	143.3556		
B（a_1）	1566.4500	1	1566.4500	24.36	<.01
B（a_2）	1.2500	1	1.2500	0.01	n.s.
S×B	1157.3000	18	64.2944		

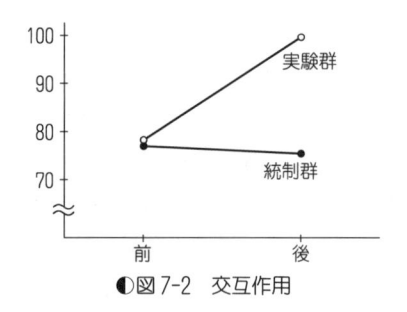

●図7-2　交互作用

の効果であることが明らかになった。

7　児童の表情認知に関する研究

問題　表情に関する研究はダーウィン（Darwin, C.）に始まる（池田, 1987）。表情の認知はきわめて複雑な過程であり，表情認知のメカニズムを明らかにするためには，そこに介在する多くの要因をできるかぎり

7　児童の表情認知に関する研究

統制する必要がある。このため，従来の表情認知研究では，刺激として人の表情を単純化した表情図が用いられることが多かった。こうした研究では，顔を輪郭，眉，目，口などの少数の要素で構成して線画で表現し，それらを組織的に変化させることによって，表情認知のメカニズムを明らかにしようとする。このような方法は，条件統制が容易である一方，顔の構成変数を過度に単純化するため，刺激のリアリティが低下し，表情認知における重要な規定因が排除される危険性がある。これとは別に，演技によって作った表情を撮影し，刺激として用いる研究も行なわれている。このような刺激はリアリティという点においては優れているが，演技者の顔の魅力度，年齢，性などの変数の統制がむずかしくなる。

　最近，こうした問題点を解消するために，モーフィングとよばれる方法を使って平均顔をコンピュータ上で合成し，これを表情刺激として用いる研究が行なわれている。このような方法では，人の顔の特徴やリアリティを残しながら，顔の魅力度や年齢，性を統制することが可能になる。

　ところで，顔の認知処理には認知する側と認知される側との年齢差が大きく影響すると考えられる（大山, 1996）。そこで，本研究では，被験者と同年齢の児童の平均顔と成人の平均顔をモーフィングによって生成し，これを表情刺激として児童の表情認知のメカニズムを検討することとする。

方法

● 実験計画　刺激年齢2（成人表情刺激，児童表情刺激）×表情2（喜び，怒り）の2要因計画が用いられた。刺激年齢は被験者間要因，表情は被験者内要因である。

● 被験者　小学校5年生男女各15名（平均年齢10.7歳）

● 手続き　成人4名（男女各2名，平均年齢25.2歳）と小学校5年生4名（男女各2名，平均年齢10.9歳）に喜びと怒りの表情を作ってもらい，これを表情別にそれぞれコンピュータ上でひとつに合成し，成人平均顔，児童平均顔を作成した。これを成人表情刺激（喜び，怒り）と児童表情刺激（喜び，怒り）として使用した。

　被験者の半数（15名）には成人表情刺激が，残りの半数には児童表情刺激が呈示される。各表情刺激はコンピュータのモニター画面上にひとつずつ呈

示される。被験者は，呈示された表情が何であるかをできるだけ早く判断し，マウスで反応するように求められる。反応と同時にモニター上の表情刺激は消失し，代わりに表情カテゴリーが呈示される。被験者は判断結果に従ってカテゴリーを選択する。表情刺激を判断し，マウスをクリックするまでの時間が反応時間として測定された。

結果と考察　成人表情刺激，児童表情刺激別に各表情に対する平均反応時間を示したのが表7-12である。各条件の反応時間に対して，刺激年齢（2）×表情（2）の2要因分散分析を行なったところ，表情の主効果のみ有意（$F(1, 28)=13.60$, $p<.01$）であった（表7-13）。喜びの表情に対する反応時間は，怒りの表情に対する反応時間よりも有意に短いことが明らかになった。

また，刺激年齢の主効果，刺激年齢と表情の交互作用はともに有意ではなかった。この結果は，認知対象と認知者の年齢差が表情認知には影響しないことを示唆するものである。

要約　児童の表情認知を，モーフィングにより作成した表情刺激により検討した。被験者は小学校5年生30名である。成人の喜び，怒り，児童の喜び，怒りの複数の表情をコンピュータでそれぞれ合成して平均顔を作成

●表7-12　条件別平均反応時間（標準偏差）

刺激年齢	表情	
	喜び	怒り
児童表情刺激	2.93(2.34)	4.31(2.53)
成人表情刺激	2.48(2.13)	3.13(2.02)

●表7-13　刺激年齢（2）×表情（2）の分散分析表

変動因	平方和（SS）	自由度（df）	平均平方（MS）	F	p
刺激年齢（A）	9.9960	1	9.9960	1.10	n.s.
個人差（S）	255.1690	28	9.1132		
表情（B）	15.3116	1	15.3116	13.60	<.01
A×B	2.0057	1	2.0057	1.78	n.s.
A×B	31.5304	28	1.1261		
全体（total）	314.0127	59			

し，これを表情刺激とした。各表情判断の反応時間を検討したところ，喜びの反応時間は怒りの反応時間より有意に短かった。刺激年齢による違いはみられなかった。

問題点：教授からのコメント

「分布の形に注意しよう」

　本研究では従属変数として，表情判断に要する反応時間を用いている。反応時間は，顔の認識過程を明らかにするうえできわめて有効な方法である。また，反応時間には正答率よりも天井効果や床効果が生じにくいという手続き上の利点もある。しかし，その一方，データのばらつきが大きくなったり，分布にかたよりがみられることが多いなどの問題点もあり，分析の際には注意を要する。

　そこで，本研究のデータの分布を調べてみると，左に大きくかたよった分布（歪度＝1.71）であることが明らかになる（図7-3）。分散分析の適用には，母集団の分布の正規性という前提条件が存在するが，本研究のデータはこれを満たしていないということである。

　このような場合の対処法のひとつに変数の変換がある。変数変換には，開平変換，対数変換，逆数変換，角変換など，いくつかのものがあるが，反応時間に対しては一般に対数変換（$X'_i = \log X_i$）が用いられる。底は本来いくつであってもよいが，一般に10（常用対数）であることが多い。そこで，本研究のデータを対数変換し，再度分析をしてみることとしよう。

　変換したデータの分布を調べてみると，かなりかたよりが修正されている

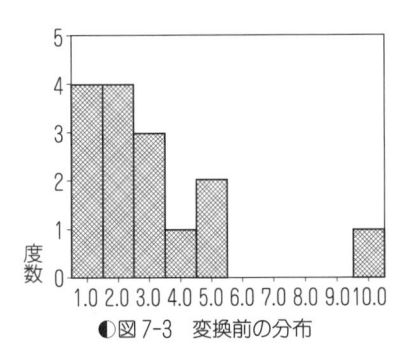

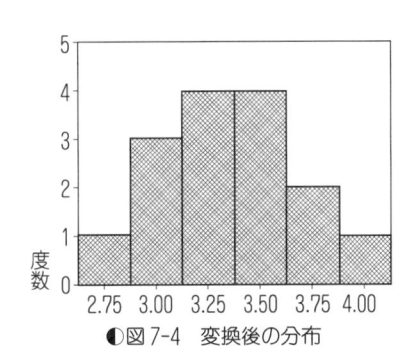

●図7-3　変換前の分布

●図7-4　変換後の分布

●表7-14 対数変換値の分散分析表

変動因	平方和 (SS)	自由度 (df)	平均平方 (MS)	F	p
刺激年齢(A)	0.2483	1	0.2483	1.18	n.s.
個人差 (S)	5.8822	28	0.2100		
表情 (B)	0.4576	1	0.4576	45.31	<.01
A×B	0.0147	1	0.0147	1.45	n.s.
S×B	0.2840	28	0.0101		
全体 (total)	6.8870	59			

（歪度=-.03）ことがわかる（図7-4）。変換した値について，表情（2）×年齢（2）の分散分析を行なった結果，表情の主効果のみ有意（$F(1,28)=45.31, p<.01$）であった（表7-14）。

8 保存実験における1回質問の効果

問題 ピアジェとセミンスカ（Piaget & Szeminska, 1941）は，7～8歳以下の子どもは，物の見え方が変化すると，その実質も変化してしまうと認識してしまうことを報告した。たとえば，幼児期の子どもに同じ数のコインを2列に並べ，「どちらが多いか，あるいは同じか」を質問する。幼児は同じ個数であると答える。このように同じ数であることを確認した後，一方の列のコインをより長く並べ直し，再度「どちらが多いか，あるいは同じか」を質問する。すると彼らは，一方の列の数が多いというのである。これが著名なピアジェの保存の実験である。

このピアジェの保存の実験にはいくつかの問題が指摘されているが，そのうちのひとつは，2回質問がなされるという手続きに対するものである。つまり，実験者が同じ質問をくり返すのは，最初の答えが違っていることを暗示し，2度目の質問では1度目とは違う答えが望まれているのだ，と子どもに思わせているのではないかというものである。もしそうならば，保存課題における幼児の失敗は，認知的操作の能力とは関係なく，実験者が聞きたいことを幼児が誤解しているということにすぎないことになる。

そこで，本研究では5～9歳の子どもを対象に，数の保存において質問回数が保存判断に影響するかどうかを検討する（Samuel & Bryant, 1984 を改変）。

8 保存実験における1回質問の効果

方法

(実験計画) 課題は年齢（5）×条件（3）の被験者間2要因計画である。6個ずつ同じ長さに並べられた2列のコイン（同一数量）あるいは6個と5個で同じ長さに並べられた2列のコイン（異数量）を見せた後，一方のコイン間の間隔を広げてより長くする，あるいは間隔をせばめてより短くするものである。

以下のような3つの実験条件が設定された。

2回質問条件　ピアジェの手続きに従い，最初の呈示後と変換後の2回質問を行なう。

1回質問条件　最初の質問は行なわず，変換後に1回だけ質問を行なう。

固定配列条件　最初の状態や変換の過程は見せず，変換後の状態だけを見せて質問を行なう。ここでも質問は1回のみとなる。最初の状態とその変換を見ることが保存に与える影響をみるための統制条件である。

(被験者) 5～9歳児男女各63名（各年齢は男女ほぼ同数）

(手続き) 4試行（2試行は同一数量で広げる・せばめるの1試行ずつ，2試行は異数量で広げる・せばめるの1試行ずつ）ずつランダムな順序で行なった。

結果

同一数量と異数量の場合の成績に有意差はなかったので，結果はこの2つを合わせ，4点満点で分析した。結果は表7-15に示すとおりである。

この結果について，年齢×条件の2要因分散分析を行なったところ，年齢の主効果（$F(4, 930)=112.97$, $p<.001$），条件の主効果（$F(2, 930)=11.42$, $p<.001$）および年齢と条件の交互作用（$F(8, 930)=2.29$, $p<.05$）がいずれも有意であった。多重比較によると，どの年齢間にも有意差がみられ，年長児は年少児よりも正答数が一貫して多かった。条件については，1回質問条件は2回質問条件より正答数が多く，固定配列条件は2回質問条件より正答数が少なかった。

交互作用は9歳児では条件差がなく，これはいずれもほとんど正解であることによる。

●表7-15　条件ごとの平均正答数（標準偏差）

年齢	2回質問	1回質問	固定配列
5歳	1.48(1.62)	1.90(1.54)	1.38(1.46)
6歳	2.19(1.68)	2.62(1.59)	2.52(1.37)
7歳	2.86(1.42)	3.62(0.84)	2.52(1.62)
8歳	3.57(0.59)	3.76(0.61)	3.38(0.84)
9歳	3.96(0.40)	3.98(0.21)	3.94(0.31)

考察　　1回質問条件が最も成績がよかったという結果は，従来の保存課題の失敗は，同じ質問がくり返されるという手続きに影響されている可能性があることを示している。

しかし，質問を1回することが有効ならば，1回質問条件と固定配列条件の成績が変わらないはずであるが，固定配列条件の成績は最も低い。このことから，最初の配列とそれに対する配列の変換の過程を見ることが，保存の判断に重要であることがわかる。すなわち，配列を変えても，取りも加えもしていないから同じであるという不変性の認知操作が保存の判断に重要であるといえる。

要約　　保存の実験で，同じ質問を2回くり返す手続きの影響を，1回の質問をする条件を設定して検討した。2回質問条件より，1回質問条件のほうが保存反応を示すものが多く，2回質問をするという手続きが，本来もっている保存の能力の表出を妨げていることが示された。

問題点：教授からのコメント

天井効果と床効果

交互作用がみられたが，これは9歳児が，どの条件下でもほとんど正解を示したことによる。このように，課題のとり得る上限の得点に達したために，条件による差が出なくなることを天井効果（ceiling effect）とよぶ。各条件の得点が天井まで達して差の出ようがないということである。天井効果は本研究のように，被験者の能力に照らして，明らかに容易な課題を与えた場合に生じる。

ここでは正答数を用いたが，誤答数を測度とした場合（オリジナルの論文では誤答数が測度となっている），この9歳児の誤答数はゼロに近づき，同じように条件差がみられなくなる。天井効果とちょうど逆の，このような状態を床

効果（floor effect）とよぶ。

　天井効果や床効果が見いだされた群の標準偏差は小さくなる（得点の幅が小さくなる）。そのために，各群の等分散という前提が満たされず，分散分析の適用が不適切とみなされる可能性も出てくる（このデータでも実際には分散に有意差がみられた）。

　天井効果や床効果を回避するためには，被験者の能力に応じた適度な課題の選択が重要となる。そのためにも，文献研究を十分行ない，従来の研究で扱われた課題の平均値や標準偏差に注意することが重要である。また，新しい課題を考案した場合は，事前に予備実験を行ない，課題の難易度を十分把握し，適切なものにしておくことが大切である。なお，オリジナルの論文の被験者は4～8歳までで，天井効果はまだ十分には出現していなかったことをつけ加えておく。

　天井効果や床効果によく似た現象に，ほぼ全員が同じ答えになるような課題や設問を与えた場合がある。この場合は条件差にかかわらず，同じような平均値と極端に小さい標準偏差が得られる。よい実験や調査は，このような弁別効果のない課題や設問を避けることから始まる。

　天井効果や床効果のように等分散が満たされなくなるその他の原因として，課題や設問の数を，個人差（すなわち，ある程度の分散）を見いだすことができるほど十分用意しなかった場合がある。この場合は得点の幅がある程度広がるように課題や設問数を増やす必要がある。また7でみたように，反応時間のような測度では正規分布せず，等分散にならない場合もある。この場合は変数変換を用いることが適切である。もっとも，等分散仮説については分散分析は頑健性が強いとされており，そのまま分散分析を行なうことも一般的になされている。

　この研究の場合，焦点は2回か1回かという質問の回数のほかに固定配列条件が加えられている。1回質問条件が固定配列条件より得点が高く，最初の配列とそれに対する配列の変換の過程をみることが，保存の判断に重要であることがわかる。適切な統制条件を設定することは，実験における反応のメカニズムを解明するデータを与えてくれるのである。

　男女ほぼ同数にすること，同一数量と異数量を設けて2回ずつランダムな順

第3部　要因計画法の展望

7章　研究計画のドリル

序で行なうという手続きは，性差や課題の特質，順序効果といった剰余変数が結果に影響しないための配慮である。

　ここでは数の保存のみが取り上げられているが，保存には他の課題もあり，水平的デカラージュとよばれる課題ごとの難易度も示されている。比較的容易な，数の保存課題以外の課題においても同様に，質問回数の効果や変換のようすをみることの効果があるのかについても検討することは，結果の一般性をいううえで重要である。オリジナルの論文では，このような視点から質量，液量の保存も同時に検討されている。

⑨　幼児の表情弁別

問題　幼児は表情を何に頼って区別・判断しているのだろう。この研究では，幼児が顔の目や口のような要素的な特徴に頼って表情を判断しているのか，表情の一般的な概念的枠組みによって判断しているのかを検討する（Walden & Field, 1982を改変）。

方法　**実験計画**　表情（4）×課題（2）の被験者間2要因計画である。材料として，刺激（喜び，悲しみ，驚き，怒り）のいずれかを描いた標準表情と5種の選択表情絵を用いる（図7-5）。

　特徴課題　選択肢は(1)標準と同じ（特徴一致），(2)標準と目が同じだが感情は異なる，(3)口が同じ，(4)髪型が同じ（感情とは無関係の特徴），(5)標準と共通の表情特徴なし。

　般化課題　標準と同じ選択肢の

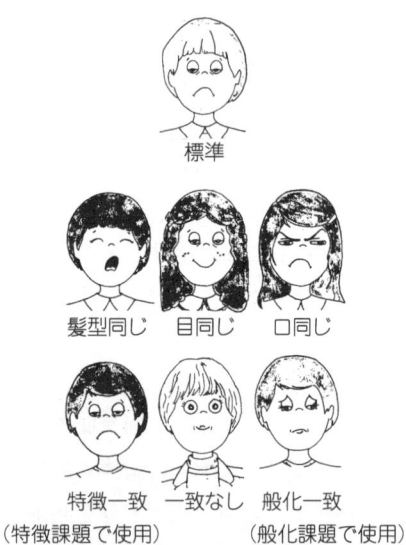

●図7-5　課題の刺激例（悲しい）
（Walden & Field, 1982）

9 幼児の表情弁別

かわりに，同じ感情表現であるが同じ表情特徴はもたない絵（般化一致）。その他の選択肢は特徴課題と同様。

被験者 3〜5歳児男女各80名（1群20名ずつの8群）

手続き 表情図を示し，「この中（選択肢）で，この人（標準）と同じ気持ちの人を指さして」と教示した。正答の位置はすべてランダム。

結果 選択が正しければ1点，まちがっていたら0点として群ごとに平均を求めた。満点は1点である。結果を表7-16に示す。表情×課題の被験者間2要因分散分析を行なった。表情の主効果（$F(3,152)=2.69$, $p<.05$）と課題の主効果（$F(1,152)=14.18$, $p<.001$）がいずれも有意だったが，交互作用は有意ではなかった。表情については，喜びが最も正答が多く，驚きが少なかったが，テューキーのHSD法による多重比較の結果，有意な差はみられなかった。課題では特徴課題が般化課題より正しい表情を選択できた。

考察 正答数は比較的高く（反応全体の70.6％が正答），表情を見分ける能力が早期に発達することを示している。

特徴課題が般化課題より正しい表情を選択できたが，これは，前者は単に標準と視覚的に同じ表情の特徴を共通してもつものを選べばよいのに対し，後者では正答は標準と共通する特徴がなく，視覚的な手がかりによって選ぶことができないことによる。つまり，般化課題ではそれぞれの感情にともなう表情の一般的な理解や概念化が必要となる。

表情では，喜びが最も正答が多く，つづいて悲しみ，怒り，驚きの順だった。これは，日常的に接することの頻度や，それら表情の持続時間（笑顔は比較的長時間続くが，驚きは一瞬である）の違いによるのであろう。また，笑顔という快刺激への敏感さは本来高いのかもしれない。

要約 幼児の表情弁別能力を，特徴課題（選択肢から標準と同じ表情特徴をもつ絵を

●表7-16 群ごとの平均正答数（標準偏差）

	特徴課題	般化課題
喜び	0.85(.37)	0.80(.41)
悲しみ	0.90(.31)	0.65(.49)
驚き	0.80(.41)	0.35(.49)
怒り	0.80(.41)	0.50(.51)

選択）と，般化課題（選択肢から標準と同じ表情特徴はもたないが，同じ感情を表わしている絵を選択）の2種の課題で検討した。特徴課題は般化課題より容易で，幼児は視覚的に同じ特徴をもつ表情を選ぶことは容易だが，意味的に同じ表情を選ぶことはむずかしく，表情の概念的理解はまだ十分ではなかった。

問題点：教授からのコメント

カテゴリカルデータの処理法

　この研究では，各被験者のとり得る得点は0か1で，そのとり得る範囲も1点の幅しかない。当然得点は正規分布とはならない。このようなデータはカテゴリカルなデータとみなされ，分散分析は不適切である。では，かわりにどのような手法が使えるのだろうか。

　そのひとつは角変換法である（岩原，1982）。本研究のように正答か誤答かというように反応が2分割される場合，セルごとの反応の比率（この場合は正答率）を求め，それを角変換（逆正弦変換）により変数変換し，分散分析を行なう。正答率と分散分析の結果を表7-17，表7-18に示す。課題の主効果は表7-15と同様に有意であるが，表情の主効果は有意ではない。また交互作用も有意ではない。

　もうひとつの方法は，カテゴリカルなデータに分散分析に類似したモデルを適用し，主効果や交互作用を明らかにすることができる対数線形モデル分析の適用である（弓野，1981）。u_1（表情）× u_2（課題）× u_3（反応）のすべて

●表7-17　群ごとの正答率（角変換値）

	特徴課題	般化課題
喜び	0.85 (63.44)	0.80 (63.44)
悲しみ	0.90 (71.56)	0.65 (53.73)
驚き	0.80 (63.44)	0.35 (36.27)
怒り	0.80 (63.44)	0.50 (45.00)

●表7-18　正答率の角変換値による分散分析表

変動因	平方和（SS）	自由度（df）	$\chi^2 = SS/\sigma_w^2$	p
表情	311.72	3	7.59	n.s.
課題	564.65	1	13.76	<.001
表情×課題	140.52	3	3.42	n.s.
全体 (total)	1016.89	7	24.77	
群内	—	∞	$\sigma_w^2 = 41.05$	

を要因に入れた飽和モデルのあてはめの結果，u_1（表情）× u_2（課題）および u_1（表情）× u_2（課題）× u_3（反応）の交互作用は有意ではなく，これらのパラメーターを除外した3つの主効果と課題×反応，表情×反応の交互作用からなるモデル（$\log F_{(ijk)} = u + u_{1(i)} + u_{2(j)} + u_{3(k)} + u_{23(jk)} + u_{13(ik)}$）が適切であった。

　反応では正答が正の効果値（$\hat{u}_{3(1)} = 0.510$, $p < .01$），誤答が負の効果値（$\hat{u}_{3(2)} = -0.510$, $p < .01$）を示し，正答が誤答より多いことを示した。

　課題と反応の交互作用では，特徴課題での正答が正（$\hat{u}_{23(11)} = 0.334$, $p < .01$），誤答が負（$u_{23(12)} = -0.334$, $p < .01$），般化課題では逆に正答が負（$u_{23(21)} = -0.334$, $p < .01$），誤答が正（$u_{23(22)} = 0.334$, $p < .01$）の効果値を示し，このことから特徴課題が般化課題より容易であることがわかる。これは通常の分散分析の課題の主効果に対応する。

　表情と反応の交互作用では，驚きにおいてのみ正答が負（$\hat{u}_{13(31)} = -0.312$, $p < .05$），誤答が正（$\hat{u}_{13(32)} = 0.312$, $p < .05$）の有意な効果値であった。驚きは誤答が相対的に多く，判断のむずかしい表情であったことがわかる。ただし，有意であったのはこの驚きのみであったことから，表情の違いは全体としては反応に影響を大きくはもっていなかったといえる。これは，分散分析で表情の主効果が有意でありながら多重比較で有意差がみられなかったこと，また角変換による分析で，表情の主効果が有意でなかったことに対応するものであろう。

　ここでは各課題・表情に独立群を割り当てたが，これは非効率的なやり方であろう。課題ごとに被験者群を作り，被験者にすべての表情の選択を求めるならば課題（被験者間）×表情（被験者内のくり返し）の2要因，さらに課題も被験者内にするならば被験者内の2要因の実験デザインとなり，被験者の負担はやや増すが，被験者数は少なくてすむ（原論文ではさらに教示条件を加え被験者内3要因実験となっている）。この場合，被験者内のくり返しの分散分析を行なうことになるが，この実験では前述のように0か1かの値しかとらないカテゴリカルとみなされ得るデータである。くり返し要因がある場合の交互作用が検討できるようなカテゴリカルデータの分析法として適切なものはない。この理由からか，原論文ではコクラン（Cochran, 1947）の分散分析の等分散仮説への頑健性を論じた論文を根拠に，あえてくり返し要因の分散分析を用い

ている。

引用文献

Canter, M. B.,Bennett, B. E., Jones, S. E. & Nagy, T. F. 1994 Ethics for Psychologisis : A Comentary on the APA Ethics Code. Washington, DC : APA

Chaiken, S. & Eagly, A. H. 1976 Communication modality as a determinant of message persuasiveness and message comprehensibility. Journal of Personality and Social Psychology, **36**, 463-476.

Cochran, W. G. 1947 Some consequences when assumptions for the analysis of variance are not satisfied. Biometrics, **3**, 22-38.

林 文俊 1991 対人認知 宮沢秀次・二宮克美・大野木裕明（編） 自分でできる心理学 ナカニシヤ出版

池田 進 1987 人の顔または表情の識別について（上） －初期の実験的研究を中心とした史的展望－ 関西大学出版部

岩原信九郎 1982 教育と心理のための推計学（新訂版） 日本文化科学社

Kimmel, A. J. 1996 Ethical Issues in Behavioral Research. Cambridge : Blackwell Publishers Inc. p. 67

中司利一 1988 日本と韓国における大学生による肢体不自由児に対するイメージ 特殊教育学研究, **25**, 29-42.

大山摩希子 1996 顔の既知性・未知性が幼児における顔の認知に及ぼす影響 心理学研究, **67**, 127-133.

Piaget, J. & Szeminska, A. 1941 La genese du nombre chez l' enfant. Nauschatel : Delachaux et Niastle. 遠山 啓・銀林 浩・滝沢武久（訳） 1962 数の発達心理学 国土社

Samuel, J. & Bryant, P. 1984 Asking only one question in the conservation experiment. Journal of Child Psychology and Psychiatry, **25**, 315-318.

Walden, T. A. & Field, T. M. 1982 Discrimination of facial expressions by preschool children. Child Development, **53**, 1312-1319.

山内隆久 1996 偏見解消の心理 対人接触による障害者の理解 ナカニシヤ出版

弓野憲一 1981 対数-線形モデルによる質的データの解析とそのための BASIC プログラム 静岡大学教育学部研究報告 自然科学編, **32**, 189-215.

[7章5の解答]

1．「4，5分のおもしろい実験」と言われて参加したが，実は次々にいろんな質問が用意されていて，実際，15分から20分かかっている。これは，インフォームド・コンセントの4番の基準に抵触している。

2．「あとで共同作業をしてもらう」「さきほど質問した人が自分のことを知りたがっている」という形で，事実とは異なる教示をしている。これは許容範囲の「にせ情報」ともいえるが，もっともまずいのは，「じつはこれで終わりです」という形でさっと謝礼を渡して終わっている点である。APA 倫理基準のCの基準に抵触する。研究協力者に対し，終了時に全面的な情報開示をして，にせ情報で実験を行なったことに対する十分理解を得るべきである。

コラム⑥ 分散分析が計算できる統計ソフト

分散分析を実行するには，さまざまなプログラムパッケージを利用できる。ここではそのうちのいくつかのソフトについて説明する。自身の研究環境にあわせて選択して，利用していただきたい。

◆SAS

SPSSと並び，多くの人に利用され多様な分析手法にも対応しているプログラムパッケージである。基本的にデータに合わせて自分でプログラムを書く必要があるため，ある程度のプログラムの知識を習得する必要がある。

基本的な分析手法には『SASによるデータ解析入門［第2版］』，さらに高度な分散分析を実行する必要がある場合には『SASによる実験データの解析』（いずれも東京大学出版会）を参考にするとよい。

◆SPSS

Excelなどの表計算ソフトと同様に，ワークシートのセル内にデータを入力し実行する。分散分析以外にも多様な分析手法に対応しており，他の分析も実行する必要がある場合でも，同じデータシート上で作業が可能である。

分析の実行手順は『SPSSによる分散分析と多重比較の手順』（東京図書）において，わかりやすく紹介されている。

◆STATISTICA

SPSSと同様にワークシートを用いて分析をするため，表計算ソフトに慣れている人には親しみやすい。こちらも多様な分析手法に対応しているが，SAS，SPSSほど心理学系では利用されていない。

『パソコン楽々統計学』（講談社ブルーバックス），『STATISTICAによるデータ解析』（朝倉書店）に学習版CD-ROMが添付されている。

◆STAR

田中敏が開発した，分散分析・χ^2検定が実行できるプログラム。対応している分析は少ないが，その分，分散分析に関してはわかりやすくなっている。

プログラムの入手方法と実際の研究例を用いた実行方法については，『実践心理データ解析』（新曜社）に紹介されている。

◆Excel

アドインで分析ツールをインストールすることでExcel上でも分散分析が可能になる。ただし，2元配置までしか対応していないため，3元配置以上の分散分析を実行したい場合には自身でワークシートを作成する必要がある。また，分析に際して，水準間でn数を等しくしておく必要がある。

分析ツールの利用法には『Excelでわかる統計入門』（ナツメ社），ワークシートの作成には『Excelでやさしく学ぶ統計解析』（東京図書）が参考になる。

（太田伸幸）

8章 要因計画法の実際

① 教科教育学研究領域 ——その1．算数——

> アナンド，P. G. & ロス，S. M. 1987 小学生用算数教材を個別化するためのCAIの活用 Padma G. Anand & Steven M. Ross 1987 Using computer-assisted instruction to personalize arithmetic materials for elementary school children. *Journal of Educational Psychology*, 79(1), 72–78.

ここでは，上掲の論文（以下，「原論文」と記す）を，被験者間1要因計画（本書3章参照）を適用している研究の一事例として紹介する。このため原論文の内容に関しては，大幅な要約・意訳を加えた紹介となる。より詳細な内容を知りたい読者は，原論文に直接あたっていただきたい。

問題 　算数の文章題がうまく解けない原因のひとつは，その問題の中で問われていることを子どもがうまく理解できないことである。したがって，文章題をうまく解けるかどうかを左右する要因として，子ども自身の読みの技能や，その問題の構造に接した経験の有無といったこととともに，その問題が呈示されている文脈のありようをあげることができる。この研究は後者の要因に着目し，学習セッションで子どもに与えられる問題の文脈の違いが，学習効果に差異をもたらすか否かを検討しようとするものである。この点に関しての原論文での一般的な仮定は次のとおりである。「数学的ルールの学習は，そのルールが熟知で有意味な文脈に埋め込まれた状況のもとで呈示されることにより促進されるであろう」（Anand & Poss, 1987）。

この仮定のもとに，(a)学習者それぞれに固有の呈示をうけることができるように文脈を個別化すること，(b)適応性のある文脈を個々人の多様な背景や興味の変数（たとえば，交遊関係，趣味など）に沿わせること，(c)練習の準備や管理を自動化すること等の目的で，学習セッションではCAI（コンピュータに支援された教授）方式を採用した。

| **1** 教科教育学研究領域 ——その I ——

方法　**実験計画**　以下に述べる3つの実験群と1つの統制群の4群からなる1要因計画である。この学校では算数の授業は5, 6年生がいっしょに行なっている。学年間, 男女間, 人種間での人数の差はほとんどない。96名の被験者は, ランダムに24名ずつの4群に分けられた。このうちの3群はいずれも CAI 方式で分数の割り算について学習する実験群であり, その際に与えられる異なる3種の教材のヴァージョン（処理）に対応して, それぞれ「抽象群」「具体群」「個別化群」とよばれる。残りの1群は学習セッションなしで事後テストのみが課せられる統制群である。

被験者　アメリカ合衆国内のある小学校の5, 6年生, 96名。

手続き　a．装置と材料：各被験者ごとに, クラス担任名, 誕生日, 好きなお菓子, 友だちの名前, 好きなテレビ番組, 家で飼っているペット等, 15カテゴリーについて, その子どもの背景や関心についての情報を得るために質問紙調査を行なった。この調査で得られた情報は, 必要に応じて, 学習セッションと事後テストで使用される問題を個別化するために使用された。また, 分数の割り算の単元にかかわる2項目の事前テストを行なった。

b．教材：分数の割り算の方法を学習するための練習問題である。そこで教えられる解法は, (a)割る数と割られる数を識別する, (b)整数を分数で書き表わす, (c)割る数の逆数をつくる, (d)割られる数に, その割る数の逆数をかけて答えを得る, というものである。

c．教材の文脈：上記の教材（練習問題）は, 抽象群の子どもには抽象的文脈で, 具体群には具体的文脈で, さらに, 個別化群では個別化された文脈で与えられた。以下に, $3 \div \frac{1}{2}$ と立式して解くべき問題の場合を例に, これら3種の文脈間の相違を具体的に示す。

①抽象的文脈　"物が3個あります。それぞれを $\frac{1}{2}$ ずつに切り分けます。全部で何切れできることになりますか"

②具体的文脈　"ビリーはキャンディバー（棒状のあめ）を3個持っていました。彼はそれらの一つひとつを半分ずつに切りました。ビリーは全部で何切れのキャンディバーを持っていることになりますか"

③個別化された文脈　"ジョセフは, 12月15日に彼の担任であるウィリアム

ス先生からハーシーバー（チョコバー）を 3 個プレゼンとされたものだから，驚いてしまいました。ジョセフは友だちにもあげられるように，そのバースデー・ギフトの一個一個を半分ずつに切り分けました。ジョセフは全部で何切れのハーシーバーを作ったことになりますか"

「個別化された文脈」の中に登場している"ジョセフ"とは，この問題が与えられる子ども自身の名前である。彼は実際に誕生日が12月15日で，"ウィリアムス先生"のクラスにいる，"ハーシーバー"が大好きな子どもなのである。個別化とは，問題がこのように書き換えられることである。この点が，架空の人物である"ビリー"が登場する「具体的文脈」との違いである。

d．事後テスト：事後テストは計11項目の問題から構成されている。これらは，大きく3種類の下位セットに分けられる。最初の「文脈」セット（テスト項目 No.1～6）は，学習セッションでの教材と同構造・同難易度の，整数÷分数を使う文章題である。問題呈示の文脈でいえば，抽象的文脈，具体的文脈，個別化された文脈によるものがそれぞれ2項目ずつである。次の「転移」セット（テスト項目 No.7～9）は，学習したことを新しい事態に応用できるかどうかをみるための項目である。具体的には次のとおりである。

[No.7：$7 \div \frac{1}{8} = ?$；　No.8：$\frac{3}{4}$ 個のケーキを3人の男の子で等分します。それぞれの子どもはケーキをどれぐらいもらえますか？；　No.9：パーキンス夫人はキャンデーを $\frac{17}{3}$ ポンド持っていました。彼女はそれを $\frac{1}{3}$ ポンドずつ袋に入れました。キャンディー入りの袋はいくつできたでしょう？]

最後の「再認」セット（テスト項目 No.10～11）は，学習内容である割り算のルールと解き方についての記憶の確かさを問うものである。No.10は，正

●表8-1　事後テストでの3実験群の得点
（Anand & Ross, 1987の Table 1 より再構成）

事後テストの下位セット（項目数）		実験群（処理の相違）		
		抽象群	具体群	個別化群
再認（2項目）	平　均	0.50	0.79	1.21
	標準偏差	0.66	0.78	0.74
転移（3項目）	平　均	0.33	0.42	0.75
	標準偏差	0.56	0.72	0.74

各群とも被験者数は24名

1 教科教育学研究領域 ——その1——

しい解き方を複数の選択肢の中から選ばせるものであり，No.11は，分数の問題を解くための先述の4つの手順をランダムに示し，それらを正しい順序に並べかえることを求めるものである。

結果　事後テストの下位セットごとに，正答した項目の数をそのセットでの得点とし，3実験群間で平均得点の有意性検定を分散分析（F検定）により行なっている。

このうち，ここでは，被験者間1要因分散分析が適用された「再認」セットでの得点（可能範囲は0～2点）と「転移」セットでの得点（可能範囲は0～3点）の実験群間の平均値の検定を取り上げる。この両下位得点の群別平均および標準偏差(SD)は表8-1のとおりである。

分散分析の結果，$F(2,69)=6.58$，$p<.01$が得られ，観測された群間差は有意であった。さらに追加の検定（多重比較）として，テューキーのHSD法を適用している。その結果，個別化群と抽象群の間の差が有意であり，個別化群と具体群との間，および具体群と抽象群の間の差は有意ではないことが示された。

考察　学習者の個人的背景に一致させて個別化した問題を教材として用いることの効果が認められた。このような効果は，個別化が子どもの教材への関心を高めて注意を集中させ，教材に含まれる潜在的な論理構造をより明瞭に浮き立たせ，また，記憶された問題解決のためのルールと他の有意味な統合的知識とのつながりを強めたことによる，と解釈される。

●表8-2 「再認」セットでの得点に関する1要因分散分析表

変動因	平方和(SS)	自由度(df)	平均平方(MS)	F	p
処理条件（群間）	6.117	2	3.058	6.316	$<.003$
誤差（error）	33.410	69	0.484		
全体(total)	39.527	71			

コメント　この場合のように，各群の被験者数がわかり，平均，標準偏差が算出されているならば（ロー・データがなくても），被験者間 1 要因分散分析が可能である。ちなみに，この平均，標準偏差の数値に対して筆者が試みた分散分析の詳細な結果は，表 8-2 のとおりであった（表 8-2 の F 値が，原論文によるものとは多少異なるが，これは計算の際の端数処理にともなうものである）。

　原論文では，同様の分散分析を「転移」セットの得点に関しても適用しているが，結果的に傾向差がみられたにとどまったという（$F(2, 69)=2.54$, $p<.10$）。本書が取り扱う範囲から外れるのであるが，このような得点（3項目中の正答項目数）の平均に関して群間差が明瞭でない場合，むしろ個々の項目ごとに正答者数の比率を 3 群間で比較してみると，特定の項目についての群間差が有意であることが確認できる（χ^2 検定による）こともある。実際，原論文では「転移」セットの 3 項目それぞれについて，このことを試みている（原論文の Table 2 参照）。

② 教科教育学研究領域　——その 2．理科——

> 谷島弘仁　1994　中学生・高校生の生物教材に対する興味・関心の年齢的変化 (I) ——植物教材について——　科学教育研究, 18(1), 2-7.

　ここでは，被験者間 2 要因計画法（5 章参照）を適用して調査・分析をしている研究の事例として，上掲の論文（以下，「原論文」と記す）を紹介する。大幅な省略・要約を経た紹介となるので，内容の詳細について関心のある読者は，原論文に直接あたっていただきたい。

問題　ある全国規模の調査によれば，小学生の動・植物に対する興味・関心は，学年が進行するにつれ低下すること，植物については，男子より女子のほうがより強く関心をもっていることなどが明らかになっているという。このことを受け，この論文では，中学・高校段階でも，生物教材に対する興味・関心が学年進行とともに下降する傾向があるのか，また，男女差はみられるかを，質問紙調査により検討している。

2 教科教育学研究領域 ——その2——

方法

実験計画 学年×性別の2要因計画であり，調査項目は，植物に関する7つの内容（①発芽，②生育，③つくりとはたらき，④開花と結実，⑤シダ・スギナ，⑥コケ，⑦カビ・キノコ）のそれぞれに関して，"〜について，調べてみたいと思いますか"と問うている7項目により構成されている。

被験者 調査対象の学年・性別の人数は表8-3に示している。

手続き 被験者に，それぞれの項目ごとに，「とてもよくあてはまります」（4点），「すこしあてはまります」（3点），「あまりあてはまりません」（2点），「まったくあてはまりません」（1点），の選択肢の中から自分の回答を選択してもらう。

結果

さて，表8-3は各項目ごとの評定値（1〜4点）および全7項目の評定値の合計である「植物に関する興味・関心得点」（7〜28点）の学年別・性別の平均値を示したものである（ちなみに，調査項目のどの対にも正の有意な相関があることが示された）。

●表8-3 各項目での得点の平均
（谷島，1994の表1，3，4から再構成）

項 目		中学1年 男子45名 女子68名	中学2年 男子38名 女子57名	高校2年 男子69名 女子44名
①植物の発芽	男子 女子	2.73(1.02) 2.76(0.83)	2.26(0.72) 2.54(0.85)	2.07(0.96) 2.34(0.89)
②植物の生育	男子 女子	2.76(0.95) 2.60(0.78)	2.45(0.80) 2.58(0.86)	2.14(1.07) 2.41(0.95)
③植物のつくりとはたらき	男子 女子	2.80(0.95) 2.71(0.85)	2.58(0.76) 2.47(0.80)	2.09(1.03) 2.32(0.83)
④植物の開花と結実	男子 女子	2.76(1.07) 2.99(0.87)	2.34(0.67) 2.65(0.81)	2.36(1.01) 2.52(0.95)
⑤シダ・スギナの仲間	男子 女子	2.92(1.02) 2.54(0.78)	2.37(0.82) 2.42(0.80)	2.23(1.09) 2.16(1.96)
⑥コケの仲間	男子 女子	2.87(1.10) 2.47(0.84)	2.23(0.90) 2.37(0.79)	2.17(1.07) 2.05(0.89)
⑦カビ・キノコの仲間	男子 女子	2.87(1.00) 2.59(1.00)	2.32(1.04) 2.18(0.89)	2.25(1.13) 2.36(1.10)
植物に関する興味・関心（①〜⑦の計）	男子 女子	19.71(5.67) 18.67(3.90)	16.55(4.32) 17.21(4.07)	15.32(6.00) 16.16(4.95)

（ ）内は標準偏差

第 3 部　要因計画法の展望

8 章　要因計画法の実際

　項目①〜⑦の評定値の合計である「植物に関する興味・関心得点」，および個々の項目の評定値について，それぞれ学年（3 水準）×性別（2 水準）の被験者間 2 要因分散分析を適用した。その結果，すべてに関して学年の主効果が有意であった。また，項目①④に関しては，性別の効果が有意であった（いずれも女子の評定値がより大）。しかし，学年×性別の交互作用の効果はいずれも有意ではなかった。

> **コメント**　調査項目のすべての対（21 対）間で，評定値に関して正の有意な相関がみられたことから，全 7 項目の評定値を合計し，ひとつの指標（「植物に関する興味・関心得点」）として使用することは正当化できよう。表 8-3 に示される情報があれば，読者自身で（詳細なロー・データなしでも）被験者間 2 要因分散分析が可能である。ちなみに項目⑦に関して筆者がこの分散分析を試みた結果は，表 8-4 のとおりである。

　原論文の本文中の記述では，この場合の誤差項の自由度が 314 となっている（おそらく，この項目⑦については，記入漏れなどの理由により 321 名中 1 名分のデータが除外されたのであろう）。この表 8-4 では，被験者の総数を 321 名として，誤差項の自由度を 315 として計算した。原論文と表 8-4 との間での F 値の若干のずれも，同様の事情と計算の際の端数処理にともなうものであろう。

　この項目⑦「カビ・キノコの仲間」に関しては，原論文の著者も言及しているが，中 1，中 3 では男子の得点が女子のそれよりやや高いのに対して，高 2 では逆に女子が男子よりやや高い。これは，学年×性別の交互作用の効果がうかがわれるケースであるが，分散分析の結果によりその有意性は否定されたということである。

　なお，本書が扱う範囲を越えることになるのであるが，調査項目（内容）を

●表 8-4　項目⑦に関する被験者間 2 要因分散分析表

変動因	平方和(SS)	自由度(df)	平均平方(MS)	F	P
学年	11.411	2	5.706	6.718	<.01
性別	4.152	1	4.152	4.888	<.05
学年×性別	0.287	2	0.143	0.169	n.s.
誤差(error)	267.543	315	0.849		
全体(total)	283.393	320			

もうひとつの要因（この場合は，水準数7の被験者内要因＝くり返し測定要因ということになる）と考え，被験者間2要因・被験者内1要因の混合3要因計画を適用することも可能となる。この方法によれば，3要因の主効果に加え，1次（学年×性別，学年×内容，性別×内容）および2次（学年×性別×内容）の交互作用の効果についても検定できることになる。表8-3を概観すると，性別×内容の有意な交互作用効果（内容により，男女間の差異の大きさ・方向が異なる）が検出される可能性は大きいように思われる。

③ 看護学研究領域
―― その1．小児の Health Locus of Control の測定――

田辺恵子　1998　小児慢性疾患児の Health Locus of Control の測定――健常児との比較―― 日本看護科学会誌，18(3)，56-66.

ここでは，看護領域から，上掲の論文を，本書の扱う範囲をこえるが，被験者間3要因分散分析を適用している事例として紹介する。より詳細については，原論文を参照していただきたい。

問題

Health Locus of Control（以下，HLCとする）は，ロッター（Rotter, 1966）の社会的学習理論に基づく，Locus of Control を保健行動分野に適用した人格変数のひとつで，健康にかかわる行動の生起を予測する特定期待である。ウォルストンとメイデス（Wallston & Maides, 1976）によれば，① 内的統制（internals；健康を自分自身の努力で得られると信じる），② 他者統制（powerful others；医療従事者等の他者によって得られると信じる），③ 偶然・運命的統制（chance；偶然や運によって得られると信じる）により，保健行動や知識が異なることが報告されている。

小児慢性疾患児（以下，慢性疾患児とする）のセルフケア教育において，欧米ではHLCが広く用いられているのに対し，わが国では健常児への適用にかぎられている。そこで，この研究では，慢性疾患児のセルフケア教育の基礎的情報を得る目的で小児用のHLCを用いて，慢性疾患児と健常児のHLCを比較し，さらに，慢性疾患児のHLCに関連する要因を検討する（これについては，重回帰分析を用いているので，ここでは記述を略す）。

第3部 要因計画法の展望

8章 要因計画法の実際

方法

実験計画 健常児・慢性疾患児×学年（小学4年～中学3年）×性（男児・女児）の3要因計画である。

被験者 病弱養護学校13校の小学部4年～中学部3年に在籍する慢性疾患児255名（男子158名，女子97名）。疾病別には，喘息132名，腎疾患60名が多かった。対照群は，1小学校に在籍する4年～6年生251名および1中学校に在籍する1年～3年生207名，合計458名。

手続き トンプソン（Thompson）の尺度を参考に田辺（1997）が作成した小児用HLC尺度を用いて測定した。内的統制，他者統制および偶然・運命的統制の3下位尺度からなる。

関連要因として，担任教師から了承の得られた，①学年，②性別，③発病年齢，④入院回数，⑤今回の入院日数，⑥総入院月数，⑦罹病期間，⑧薬物療法，⑨疾病分類，⑩食事制限，⑪活動制限を調査した。

いずれの被験者も，クラスごとに集団で調査が行なわれた。小学校4年生のみ，調査票に記載された教示文を読み上げた後，1問ずつ質問文を読み上げながら，児童に回答を求めた。それ以外は，教示文を読み上げた後，自由なペースで回答させた。

結果

健常児・慢性疾患児別，学年別，性別を用いた3要因分散分析を行ない，HLC各下位尺度平均値の差の検定を行なった。

内的統制（図8-1）では，慢性疾患児・健常児×学年の交互作用が有意であった（$F(5,685)=7.2$, $p<.01$）。水準別誤差項による単純主効果検定の結果，中学1，2，3年では，慢性疾患児は健常児より有意に低かった（中学1年 $F(1,685)=18.7$, $p<.01$；中学2年 $F(1,685)=21.4$, $p<.01$；中学3年 $F(1,685)=4.4$, $p<.05$）。慢性疾患児・健常児別にみると，慢性疾患児は，学年間に有意差があり（$F(5,685)=8.5$, $p<.01$），LSD法による多重比較によれば，小学生は中学生より有意に高かった（$MSerror=14.8$, $p<.05$）。一方，健常児では学年間に有意差が認められなかった。

他者統制（図8-2）では，慢性疾患児・健常児×学年の交互作用が有意となり（$F(5,685)=4.4$, $p<.01$），単純主効果検定の結果，小学4，5，6年では

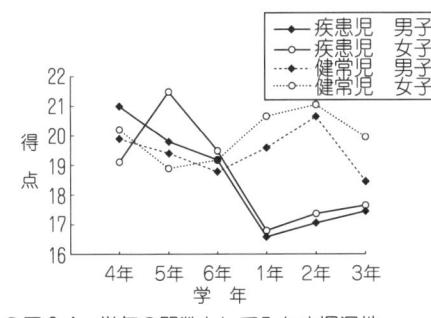

●図 8-1 学年の関数としてみた小児慢性疾患児・健常児別，性別の平均内的統制得点
（田辺，1998 Figure 1 より）

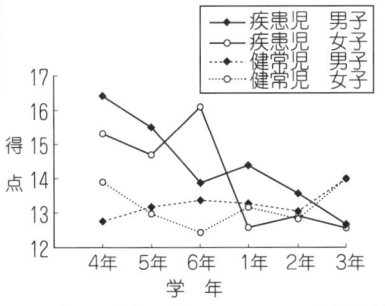

●図 8-2 学年の関数としてみた小児慢性疾患児・健常児別，性別の平均他者統制得点
（田辺，1998 Figure 2 より）

慢性疾患児が健常児より有意に高かった（4 年 $F(1,685)=12.8$，$p<.01$；5 年 $F(1,685)=8.2$，$p<.01$；6 年 $F(1,685)=8.7$，$p<.01$）。また，慢性疾患児では学年間に有意差があり（$F(5,685)=6.4$，$p<.01$），小学生は中学生より有意に高かった（MSerror$=11.6$，$p<.05$）。

偶然・運命的統制では，交互作用は有意ではなく，慢性疾患児・健常児，性別，学年とも主効果が有意であった（慢・健 $F(1,685)=11.5$，$p<.01$；性別 $F(1,686)=10.3$，$p<.01$；学年 $F(5,686)=2.6$，$p<.05$）。慢性疾患児は健常児よりも高く，男子が女子よりも高かった。また，学年の主効果は，LSD 法による多重比較の結果，中学 3 年が，小学 4，5 年，中学 1 年より有意に高かった（MSerror$=10.1$，$p<.05$）。

考察　慢性疾患児と健常児との間に HLC の差異の存在が認められた。しかし，その差異は，小学生と中学生とでは逆転することが明らかになった。内的統制と他者統制においては，小学 4 年～6 年までは，慢性疾患児と健常児とに差異はなかった。しかし，内的統制では，中学 1 年～3 年では，慢性疾患児が健常児より低い得点であった。他者統制では，慢性疾患児が，中学 3 年で健常児より高い得点であった。偶然・運命的統制については，慢性疾患児，健常児ともに，加齢とともに，ゆるやかに高まる傾向がみられた。

これらの慢性疾患児と健常児の差異，とくに中学 1 年～3 年までの差異から，

慢性疾患児は病気体験によって内的統制を低下させていることが示唆された。

> コメント　HLC各下位尺度得点を，慢性疾患児と健常児とで比較するために，慢性疾患児・健常児別，学年別，性別の3要因分散分析を用いている。交互作用の検定について，水準別誤差項による単純主効果の検定を行ない，LSD法による多重比較が行なわれている。多重比較は，検定手続きが簡単で，第一種の過誤に厳格であるのでテューキーのHSD法を用いるほうが適切と思われるが（桐木，1990），この点以外は，分散分析は適切に用いられていると考えられる。

看護学の分野で分散分析を用いた研究には，実験研究は少なく調査研究が大半である。調査研究で分散分析を適用する場合，この研究のように，調査を実施する前に，何を要因として分析するのかといった点をよく検討し，明らかにしておく必要がある。

④ 看護学研究領域 ——その2．看護処置における患者の対人認知とストレス覚醒度の変化——

> 北村満代　1998　看護処置における患者の対人認知とストレス覚醒度の変化——ラザルスの理論による——　日本看護研究学会雑誌，21(2)，7-17.
>
> 問題　疾患や治療，手術に対する不安や痛み，処置や検査に対する恐怖を多くの患者は経験している。これらの不安，恐怖，痛みはストレスフルな状況と考えられ，強い覚醒状態を喚起させる基本的条件である。覚醒は，自律神経系，とりわけ交感神経系の活動がともない，外的ストレスの影響を受けて反応した状態ととらえられる。この外的ストレス反応には，生理学的反応（神経内分泌反応）と情動反応（不安，驚き，恐れなど）とがある。本論文は，ストレスを受けた結果としての覚醒（ストレス覚醒）を取り上げ，患者が医療を受ける中でどのようにストレスを受けているか，それはどのような要因で変化するのかを，2種類のストレス覚醒度（緊張覚醒，エネルギー覚醒）を指標として検討している。

なお，ここでは研究の一部の紹介になるので，その他の研究の詳細について

は，原論文を参照されたい。

方法

実験計画 看護処置（注射・血圧測定）×時期（処置前・処置後）×覚醒の内容（緊張覚醒・エネルギー覚醒）の3要因計画。

被験者 ある総合病院の入院患者112名。患者は，男性48名，女性64名，平均年齢54歳であった。看護婦は，経験2年未満と2年以上が，それぞれ8名であった。有効回答は，患者98名であった。

手続き ストレス覚醒度については「日本語版気分形容詞チェックリスト」（JUMACL；石田ら，1993）を用いた。JUMACLは20項目からなる質問紙で，各10項目で2種類の覚醒度（緊張覚醒；緊張状態にあるか，リラックスしているか，エネルギー覚醒；活動的で，生き生きしているかどうか）を測定できる。

看護婦の認知は独自に作成した「看護婦認知質問紙」によって測定した。別の対象者に実施された予備調査に対する回答に，主因子法による因子分析を行ない，その結果得られた3因子（思いやり・優しさ，技術・専門性，行動・機敏）ごとに，因子負荷量の上位3項目を選び，本調査に用いた。

1名の看護婦が7名の患者の処置を受けもった。患者は，注射と血圧測定の前・後にJUMACLに記入した。その後，看護処置を実施した看護婦への認知評定を行なった。

結果と考察

1．看護処置，看護処置の時期および覚醒の内容と患者の覚醒度

緊張覚醒およびエネルギー覚醒は，看護処置や看護処置の時期によって影響の受け方が異なるかを調べるために，看護処置（注射・血圧測定）×時期（処置前・処置後）×覚醒の内容（緊張覚醒・エネルギー覚醒）の3要因分散分析を行なった。

その結果，覚醒の内容の主効果（$F(1,97)=17.9$, $p<.001$），処置の時期の主効果（$F(1,97)=9.15$, $p<.001$）が有意となった。エネルギー覚醒は緊張覚醒より有意に高いこと，また，処置前は処置後よりも覚醒度が高いことが明らかになった。

さらに，覚醒の内容と処置との間の交互作用（$F(1,97)=6.33$, $p<.05$），

覚醒の内容と処置の時期の交互作用（$F(1,97)=8.04$，$p<.01$）が有意であった。ライアン（Ryan）の検定の結果，緊張覚醒は注射が血圧測定より高いものの，エネルギー覚醒では両者に差がないこと，また，緊張覚醒では処置前のほうが後より高いものの，エネルギー覚醒では両者に差がないことが明らかになった。緊張するような看護処置では，緊張覚醒のみが影響を受けると考えられた。

2．患者の看護婦認知評定の因子間の傾向

　看護婦認知様式が患者の覚醒度に影響するかどうかを調べるため，看護婦認知質問紙の3因子ごとに，そこに含まれる3項目の合計得点による中央折半法で，認知得点高群と低群とに分け，認知得点（高群，低群）×認知評定をした患者の覚醒の内容（緊張覚醒，エネルギー覚醒）を独立変数に，覚醒度を従属変数とした2要因分散分析を，注射前・後，血圧測定前・後についてそれぞれ行なった。その結果，注射前については，次の結果が得られた（注射後，血圧測定前・後は，省略）。

　第1因子（思いやり・優しさ）に関する認知得点の高・低群の主効果（$F(1,96)=5.41$，$p<.05$），覚醒の内容の主効果（$F(1,96)=89.09$，$p<.001$）が有意であり，認知得点高群は低群より覚醒度は有意に高かった。ライアンの検定の結果，認知得点高群は，低群よりエネルギー覚醒度が高かった（$F(1,192)=5.16$，$p<.05$）。第2因子（技術・専門性）および第3因子（行動・機敏）に関する認知得点の分析では，高・低群による主効果は認められず，覚醒の内容の主効果のみ認められた（それぞれ，$F(1,96)=86.03$，$p<.001$；$F(1,96)=86.47$，$p<.001$）。

　認知得点の高低は，「思いやり・優しさ」因子のみにみられ，この因子の認知得点が高い群は低い群よりエネルギー覚醒が高かった。

コメント　本研究では，看護処置における，患者の看護婦認知とストレス覚醒度の変化について，看護婦認知質問紙とJUMACL（緊張覚醒度，エネルギー覚醒度）を用いた結果を分散分析することによって検討している。

　得られた結論は，おおむね妥当なものと考えられるが，分散分析の適用については，いくつかの問題点が考えられる。

結果と考察の1．における3要因分散分析では，「緊張覚醒度」と「エネルギー覚醒度」の2種類の覚醒度が1つの要因となっているが，これらの2つの緊張度は別の概念であり，その測定も同じ質問紙ではあるものの，独立した項目によって行なわれている。すなわち，「覚醒の内容」は，測定に用いた尺度の種類が異なっているのであり通常の分散分析における要因としての処理水準（条件）が異なるのではない。したがって，このような形で分散分散における要因としてよいのかは，検討の余地がある。

同様のことは，結果と考察の2．で，看護婦認知の様式が患者の緊張覚醒，エネルギー覚醒に影響するのかを調べるために行なわれた，認知得点（高群，低群）×患者の覚醒の内容（緊張覚醒，エネルギー覚醒）の2要因分散分析についても，感じられる。結果と考察1．については看護処置（注射，血圧測定）×時間（処理前後）の2要因分散分析を，それぞれの覚醒度について行うことが考えられる。また結果と考察2．については，覚醒の内容ごとにt検定を実施するか，あるいは必要性があれば，認知得点（高群，低群）×処置の種類（注射，血圧測定）×時期（処置前，後）を要因とし，緊張覚醒度，エネルギー覚醒度それぞれを従属変数とした分散分析をすることを考えてもよいのではないだろうか。

5 心理学研究領域
——その1．新聞記事と識者のコメントの効果——

坂西友秀　1997　記事の読者の原因帰属——意図帰属に及ぼす識者のコメントの効果——　社会心理学研究, 13(1), 53-63.

要因計画法が用いられるのは，人の心理や行動が特定の要因の作用によって影響を受けるか否かを，因果関係の観点から実験的に明らかにするときである。少年による殺傷事件があいついで起こり，新聞やテレビのワイドショーで識者といわれる専門家が解説したり，コメントをつけたりすることが多くなった。識者の解説やコメントは，新聞やテレビの読者や視聴者にどのような影響を及ぼすのであろうか。新聞に掲載された記事を例に，識者による解説やコメントが読者に及ぼす影響を要因計画法に基づいて実験的に明らかにした研究を紹介しよう。研究の詳細は原論文を参照していただきたい。

第3部 要因計画法の展望
8章 要因計画法の実際

問題 　本研究では，傷害事件の記事を取り上げ，情報源の信憑性，記事に添付される識者のコメントの各要因が，記事が報道する加害者に対する読者の判断に及ぼす影響を明らかにする。記事の内容は，二歳の幼女が生後2か月の妹の顔をかみそりで傷つけ，死にいたらしめたというものである。事件は2紙に報道され，一方は幼女の傷害の意図性を，他方は偶発性を強調する内容になっている。本研究では前者の記事を実験材料に用いる。2紙の記事にはそれぞれの主張に沿う識者（医学者と心理学者）のコメントがついている。記事に添付される識者のコメントは，記事の内容に沿って書かれる場合には，情報の内容を補強し，信頼性を高める役割を果たす。そのため，読者は識者のコメントによって大きな影響を受けることになろう。仮に記事が同一でも，付記される識者のコメントが異なるなら，読者に違った情報と視点を与え，判断に差異を生じさせることになろう。また，情報の効果は一般に情報源の信憑性が高いほど大きいことから，コメントの効果も同様の結果になろう。以上の考察から，次の仮説を設定し，実験的に吟味する。

仮説1 　行為に対する加害者の意図性を強調する識者のコメントつきの記事を読む読者（意図コメント条件）は，行為の偶発性を強調する識者のコメントつきの記事を読む読者（偶発コメント条件）やコメントのない記事を読む読者（コメント無し条件）より，加害者への原因の帰属が強くなるだろう。

仮説2 　コメントが読者に及ぼす効果は，信憑性の高い情報源からの記事のほうが低い情報源からの記事より大きいだろう。

方法　**実験計画**　参加者は新聞記事ないしは雑誌記事を読み，加害幼児についての責任の帰属に関する質問に回答した。参加者が読む記事は，どの条件も同じものであった。ただし，次の2点で条件間に違いを設けた。記事の信憑性の高低を2種の媒体（A新聞：高，女性週刊誌：低）を用いることで操作した。また，記事には2人の識者（F氏・H氏）の2通りのコメント（意図・偶発）のうちいずれかを添付する場合と，何も添えない場合の3種類のコメント内容（意図・偶発・なし）を用意した。実験はこれらの要因を組み合わせて，記事の信憑性（2）×記事のコメントの内容（3）の2要因の実験計画で行なった。いずれも被験者間要

5 心理学研究領域 ──その I ──

因である。

〈被験者〉 公開講座の社会人受講生81名。男性12名が含まれるが人数が少なく，性差を考慮した統計的分析に耐えないため，女性のみ有効な回答者63名を分析の対象とした。

〈手続き〉 a．実験材料の作成：①マスコミュニケーションによる報道記事　A新聞に掲載された記事を用いた。見出しは，「二歳の姉（C子とよぶ），赤ちゃん殺す。カミソリでめった切り」である。

②事件に関する識者のコメント　発達心理学者F氏と小児精神医学者H氏のもので，前者は幼児の意図性を，後者は偶発性を強調するコメント内容である。

③情報源の信憑性　信憑性の高い条件はA新聞の記事，信憑性の低い条件は女性週刊誌の記事として呈示した。

b．質問紙の作成：識者のコメントが，記事で報道された加害幼児に対する読者の判断に及ぼす影響をみるために，「この事件が起こった原因は何だったと思いますか」と問い，次の項目を設けた。C子に原因を帰属する強さを「C子ちゃんはもともと乱暴な子だから」の項目で，「まったく思わない(1)」から「非常に思う(7)」の7段階で評定させた。その他に，C子に対する印象と実験条件の有効性を確認するために情報源の信憑性，識者を知る程度，記事を読んだ経験の有無等に関する質問項目を用意した。

6条件の質問紙を各条件が交互になるように参加予定者分だけ順番に並べ，それらに1番～81番まで通し番号をふった。乱数表を用いて二桁の数字（01～81）が出現する順に，該当する番号の質問紙を抽出して並べかえた。この順に質問紙を講習会参加者に座席の列ごとに配布し，参加者をランダムに6条件に割り当てた。調査終了後，その場で質問紙を回収した。調査の説明，質疑応答をし，回答者全員の了解を得たうえで調査を終了した。

〈結果〉

1．設定した条件の吟味

被験者の各情報源に対する信頼度の等質性をみるために，各情報源別に信頼度の評定値を従属変数としてコメント条件×情報源の分散分析を行なった。いずれの効果も有意ではなく，各条件の参加者はA新聞に対

して同程度の信頼をおき，女性週刊誌に対する信頼度でも条件間に差はない。それぞれの情報源に対する信頼度では参加者は等質であった。情報源の信頼の高さの違いをみるために，全参加者を対象にA新聞と女性週刊誌に対する信頼度の評定値について対応のある t 検定を行なった。有意差が認められ，女性週刊誌よりA新聞に対する信頼度が高く，情報源の信憑性の操作は有効であった。コメント条件と記事の既知の程度（読んだ，未読）の関連を調べるために，コメント条件×記事の既知の程度の χ^2 検定を行なったが，有意な関係はなかった。参加者に記事を読んだ経験のかたよりはなかった。H氏とF氏に対する参加者の信頼度をみるために，各氏に対する信頼度の評定値を従属変数にして，コメント条件×情報源の分散分析を行なった。有意な効果はなく，H氏とF氏の間に信頼度の違いはない。両氏の知名度について調べるために，各氏を知っている程度を尋ねた質問項目の評定値を従属変数にして，コメント条件×情報源の分散分析を行なった。有意な効果はなく，参加者は両識者を知らなかった。以上から，設定した実験の諸条件は有効であったと考えられる。

2．C子に対する読者の原因の帰属

識者のコメントと情報源の信憑性が読者の原因帰属に及ぼす影響を検証するために，C子への原因帰属の評定値を従属変数にしてコメント条件×情報源の分散分析を行なった。

C子に対する読者の原因帰属の評定平均と標準偏差を示したものが表8-5である。分散分析の結果，コメントの主効果が有意であった（$F(2,57)=3.41$, $p<.05$）。シェフェ法を用いて多重比較を行なうと，意図コメント条件とコメントなし条件の評定値間に有意差が認められた（$F(2,57)=3.33$, $p<.05$）。その他の条件間には有意差は認められなかった。よって，C子に傷害の意図を認める識者のコメントは，読者の帰属をコメントに沿った方向へと強める効果

●表8-5 各条件のC子に対する原因帰属評定値の平均と標準偏差

	情　報　源					
	A新聞			女性週刊誌		
コメント	人数	平均	標準偏差	人数	平均	標準偏差
意図コメント	11	3.64	0.67	11	2.18	1.25
偶発コメント	12	2.33	1.37	12	2.83	1.53
コメントなし	9	1.67	1.12	8	2.13	1.25

をもったことが示された。この結果は仮説1を支持するものである。情報源とコメント条件の交互作用は有意であった（$F(2,57)=4.38$, $p<.05$）。まずA新聞条件で，C子への帰属評定値を従属変数にしてシェフェ法を用いてコメント間の多重比較を行なった。意図コメント条件と偶発コメント条件の間に有意差が認められた（$F(2,29)=7.91$, $p<.01$；$F(2,29)=4.01$, $p<.05$）。信憑性の高いA新聞条件ではC子の傷害意図を認めるコメントが他の2つのコメントにくらべ，有意に大きな影響を読者に及ぼすことが明らかになった。女性週刊誌条件において同様の多重比較を行なったが，有意な結果は得られなかった。信憑性の低い女性週刊誌では識者のコメントは読者の判断に影響を及ぼしていない。この結果から，情報源の信憑性が高い場合に，意図性を強調するコメントは読者の判断にとりわけ大きな影響を及ぼすが，情報源の信憑性が低い場合にはどのコメントも特別の効果をもたないことが判明した。仮説2を支持する結果である。また仮説1は，信憑性の高い条件で成立することが示された。

考察 本研究の結果で重要だと思われる点は，記事そのものは同一であっても，そこに参考として掲載される識者の記事の見方や私見が，読者の判断を大きく左右していることである。記事の公正さは，記事本体だけではなく，付記されるコメントまで含めて判断されなければならないことを示唆するものである。記事の公正さを保とうとするなら，見解の異なる識者のコメントを並列して記載するなどの工夫をこらし，両者の効果を相殺する努力が必要である。興味深い点は，記事の信憑性によってコメントの効果の現われ方が異なる点である。信憑性の高いA新聞では，殺意を認めるコメントが読者に強い影響力をもっていた。情報源の信憑性が高い場合には，わずかの分量のコメントで，記事が読者に対してもつ意味も異なってしまうのである。

　本研究は，要因計画法の一例である。因果関係を直接解明する点に心理学実験のおもしろさがある。実験では効果を明らかにするために設定した要因以外のものの影響を極力排除する。適切な条件の統制が要因計画法を成功させる鍵である。

> **コメント** 要因計画に基づいた本研究には、いくつかの弱点と改善すべき面がある。おもな点をあげてみよう。(1)要因計画に基づいた実験では、あらかじめ各条件の参加者の人数を一定にそろえてサンプリングすることが多い。本研究では現場実験という制約から、各条件の人数に違いが生じており、統制の行き届いた厳密な要因計画にはなっていない。(2)本研究では女性を対象に分析しているが、養育を必要とする幼女の事件ということもあり、女性と男性で当該の幼女に対する反応に差異が生じる可能性がある。性の要因を含めた要因計画による実験が望まれる。(3)本研究で取り上げている事件は、いとけない幼女に関するものであり、かなり特殊な記事といえよう。記事と識者のコメントの効果の一般性を確認するためには、さらに政治・経済・社会などの他分野の記事を実験材料にした同様の研究の蓄積が必要である。(4)公開講座の参加者を研究対象にしているため、参加者の層や関心がかたよっている可能性がある。より広範囲の人を対象にしたランダム・サンプリングによる実験が必要である。

⑥ 心理学研究領域
——その２．幼児の友だちと知っている子に対する行動予測の検討——

> 原　孝成　1995　幼児における友だちの行動特性の理解——友だちの行動予測と意図——　心理学研究, 65, 419-427.

> **問題**　一般に、友情概念の発達研究では、幼児は友だちを一時的な遊び仲間として理解しており、親密さや互恵性に基づく本来的な友人としては理解していないと考えられている。しかしながら行動観察に基づく研究においては、幼児が友だちとの関係を一貫した親密さに基づく関係として理解していることを示す多くの結果が報告されている。そこで本研究では、幼児が友だちの行動特性を一貫した親密さに基づくものとして理解しているのかどうかを検討することを目的とする。詳しくは原論文を参照していただきたい。

幼児も友だちを一時的な単なる遊び仲間としてとらえているのではなく、一貫した好意や信頼に基づく社会的関係をもつ相手として理解している。このことから、以下の仮説を設定した。

仮説1　各構成場面で相手の行動を予測させた場合，知っている子とくらべると友だちに対して好意的な行動をしてくれるだろうと予測しやすい。

仮説2　仮説1のような行動予測は，その行動が比較的行ないやすい（動機的コストが低い）ときと比較すると，その行動が行ないにくい（動機的コストが高い）ときに，より顕著になる。

方法

　実験計画　友だち・知っている子×動機的コストの高・低の被験者内2要因計画である。

　本研究では，幼児が友だち関係を一時的な遊び仲間と理解しているのか，一貫した友情に基づく関係として理解しているのかを明らかにする。そのために，友情概念の3つのレベルを示す遊び場面，援助場面，信頼場面の各構成場面で幼児に友だちと知っている子に対する行動予測を行なわせ，比較する。

a．ペアリング：本研究では行動予測の対象となる友だちと知っている子を実験的に統制するために，以下の手続きに基づいて被験者と友だちおよび知っている子のペアリングを行なった。

　指名法　被験者に自分自身を除く同性のクラスの子ども全員の写真を呈示し，名前を確認させ，その中で最も仲のよい友だちを3名指名させる。

　評定法：まずはじめに，同性のクラスの子ども全員の中から最も仲のよい子どもを自由に選ばせ，ここで選ばれた子どもを"とてもなかよしの子"とする。次に残った子どもに対して同様に仲のよい子どもを選ばせ，ここで選ばれた子どもを"ふつうになかよしの子"とする。最後に残った子どもを，"あまりなかよしではない子"とする。

　〈友だち〉条件　相互に仲のよい友だちとして相手を指名しており，かつ互いに相手を"とてもなかよしの子"のグループに入れている者どうしの2人組。

　〈知っている子〉条件　ともに相手を仲のよい友だちとして指名しておらず，かつ互いに相手を"あまりなかよしではない子"のグループに入れている者どうしの2人組。

b．場面と動機的コスト：行動予測を行なわせる場面は，遊び場面，援助場面，

第 3 部　要因計画法の展望

8 章　要因計画法の実際

信頼場面を示す 3 つで構成されている。それぞれの構成内容には動機的コストが高い場面と低い場面が 2 場面ずつ含まれており，全体で 12 場面からなる（表 8-6 参照）。

被験者　幼稚園の年長児 39 名（男児 17 名，女児 22 名，平均年齢 5 歳 9 か月）。

手続き　友だち条件では友だちとして選ばれた子ども，知っている子条件では知っている子として選ばれた子どもについて，それぞれ相手の子どもの写真とその場面を示す絵を呈示しながら行動予測質問を行なった。回答は「そう思う」もしくは「そう思わない」の 2 件法で求めた。そして，「そう思わない」と答えた場合を 0 点とし，「そう思う」と答えた場合，どれくらいそうしてくれると思うかを，大・中・小の顔絵カードから選択させることで 3 段階評定（絶対そう思う：3 点～あまりそう思わない：1 点）させ，行動予測得点とした。各場面の呈示順序はランダムに行なったが，信頼場面の低-コスト場面と高-コスト場面は一連の物語になっていたので，この場面では低-コストから高-コストの順序で場面呈示した。また，カウンターバランスをとるために，被験者の半数は友だち条件から先に実験を行ない，残りの半数は知っている子条件から先に実験を行なった。

◐表 8-6　各構成場面の場面内容の例

構成場面	動機的コスト	内容
遊び場面	低コスト	○○ちゃん（友だちもしくは知っている子）がみんなと砂場で遊んでいます。あなたが「仲間に入れて」と言ったら○○ちゃんは仲間に入れてくれると思いますか？
	高コスト	○○ちゃんがブランコで遊んでいます。でもブランコは 1 つしかありません。あなたが「いっしょに遊ぼう」と言ったら○○ちゃんはいっしょに遊んでくれると思いますか？
援助場面	低コスト	あなたが絵を描こうと思ったらクレヨンがありません。○○ちゃんは今，クレヨンを使っていません。あなたが「クレヨン貸して」と言ったら貸してくれると思いますか？
	高コスト	あなたが絵を描こうと思ったらクレヨンがありません。○○ちゃんも今，絵を描いていてクレヨンを使っています。あなたが「今使っているクレヨン貸して」と言ったら貸してくれると思いますか？
信頼場面	低コスト	あなたは他の子と喧嘩になってしまいました。そのとき○○ちゃんはあなたの味方になってくれると思いますか？
	高コスト	でも喧嘩になったのは，あなたが知らずにその子のおもちゃで遊んでいたからです。それでも○○ちゃんはあなたの味方になってくれると思いますか？

結果と考察

　分析においては，友だち条件としてペアリングが可能であった30名（男児14名，女児16名）についてのデータをその対象とした。各場面における友だちと知っている子に対する平均行動予測得点と標準偏差を表8-7に示す。本研究では手続き上，低-コストと高-コスト場面の呈示のしかたが遊び場面・援助場面と信頼場面では異なっており，3つの構成場面を直接比較することが必ずしも適切とは考えられなかったので，構成場面ごとに2（仲間：友だち・知っている子）×2（動機的コスト：低・高）の分散分析を行なった。要因はすべて被験者内要因であった。

1．遊び場面

　仲間（$F(1, 29)=14.657$, $p<.001$）と動機的コスト（$F(1, 29)=4.741$, $p<.05$）の主効果が有意であった。つまり，知っている子と比較すると友だちに対する好意的な行動予測得点が高く，また動機的コストが高いときとくらべると，低いときに行動予測得点が高かった。

2．援助場面

　動機的コストの主効果（$F(1, 29)=7.761$, $p<.01$）が有意であった。つまり，動機的コストが高いときと比較すると，低いときに行動予測得点が高かった。しかし，仲間の主効果（$F(1, 29)=3.520$, $p<.10$）では傾向差しかみられなかった。

3．信頼場面

　仲間（$F(1, 29)=6.835$, $p<.01$）と動機的コスト（$F(1, 29)=9.322$, $p<.001$）の主効果が有意であった。つまり，知っている子とくらべると友だちに対してのほうが行動予測得点が高く，また動機的コストが高いときと比較

●表8-7　各構成場面における友だちと知っている子に対する平均行動予測得点

構成場面	動機的コスト	友だち 平均得点（標準偏差）	知っている子 平均得点（標準偏差）
遊び場面	低コスト	2.42（.81）	2.00（.87）
	高コスト	2.25（.83）	1.70（.87）
援助場面	低コスト	2.47（.63）	2.03（.90）
	高コスト	2.00（.99）	1.87（.90）
信頼場面	低コスト	1.88（1.10）	1.35（1.13）
	高コスト	1.53（1.22）	0.88（1.02）

すると，低いときに行動予測得点が高かった。

　以上の結果から，幼児においても知っている子と比較すると，遊びや信頼の場面で，友だちに対して好意的に行動してくれるだろうと予測しやすいことが示された。このことから仮説1は部分的に支持されたといえる。ただし，援助場面は相手が友だちであるかどうかが行動の予測に影響しているとはいえなかった。次に，3つの構成場面すべてで動機的コストの主効果が有意であり，動機的コストが高いときとくらべると低いときに好意的に行動してくれるだろうと予測しやすいことが示された。しかしながら，すべての構成場面で交互作用効果は有意ではなく，仮説2は支持されなかった。

コメント　幼児に対する認知研究，特に面接形式で質問していく研究では実験計画の設定が困難である場合が多い。本研究も，小学生高学年以上を対象とした研究の場合は質問紙形式で実施できるものであるが，幼児を対象とした場合は個別の面接形式で実施しなければならなかった。子どもの集中力の問題もあるので，あまり多くの質問項目を盛り込むこともできない。ここで取り上げた研究もすべて被験者内要因であったので，ひとりの幼児に対する全体の質問項目が多くなりすぎないようにするため，各構成場面内の質問項目数を少なくしている。実際にひとつの構成場面の質問は動機的コスト高・低それぞれ2項目しかなく，必ずしも十分な量であったとはいえない。また，本書では触れなかったが，各場面の質問を行なう場合も幼児の注意を喚起し，質問の内容を理解しやすくするために，その場面を表わす刺激絵を呈示しながら実施している。その刺激絵の画面構成の理由で遊び場面，援助場面，信頼場面では質問の呈示のしかたが異なっており，その結果，構成場面ごとに2要因分散分析を行なっている。本来であれば，このような問題が起こらないような場面設定を考え，構成場面の要因を含む3要因分散分析を行なうべきであったと思われる。

　最後に，ここで紹介した研究では，実際の友だちの行動特性を幼児がどのように理解しているかを検討するという研究の必要上からソシオメトリックに類似した実験手続きを行なっているが，このような実験手続きは倫理的問題もあ

り，実施する際には研究の意義を十分に検討し，その結果の利用のしかたに配慮する必要がある。

引用文献

Anand, P. G. & Ross, S. M. 1987 Using computer-assisted instruction to personalize arithmetic materials for elementary school children. *Journal of Educational Psychology*, **79**(1), 72-78.

坂西友秀 1997 記事の読者の原因帰属―意図帰属に及ぼす識者のコメントの効果― 社会心理学研究, **13**(1), 53-63.

原 孝成 1995 幼児における友だちの行動特性の理解―友だちの行動予測と意図― 心理学研究 **65**, 419-427.

石田多由美・他 1993 日本語版 UMACL の検討 九州心理学会第54回大会発表論文集, 26

桐木建始 1990 分散分析による平均値の差の検定法 森 敏昭・吉田寿夫（編） 心理学のためのデータ解析テクニカルブック 北大路書房 Pp. 85-175.

北村満代 1998 看護処置における患者の対人認知とストレス覚醒度の変化―ラザルスの理論による― 日本看護研究学会雑誌 **21**（2），7-17.

Rotter, J. B. 1966 Generalized expectancies for internal versus external control of reinforcement. *Psychological Monograph*, **80**(1), 1-28.

田辺恵子 1997 小児用 Health Locus of Control 尺度の信頼性，妥当性の検討 日本看護科学会誌, **17**(2), 54-61.

田辺恵子 1998 小児慢性疾患児の Health Locus of Control の測定―健常児との比較― 日本看護科学会誌, **18**(3), 56-66.

谷島弘仁 1994 中学生・高校生の生物教材に対する興味・関心の年齢的変化(1)―植物教材について― 科学教育研究, **18**(1), 2-7.

Wallston, K. A. & Maides, S. 1976 Health-related information seeking as a function of health-related locus of control and health value. *Journal of Research in Personality*, **10**, 215-222.

付表 1　t の臨界値

df	有意水準(両側検定) 10%	5%	1%	df	有意水準(両側検定) 10%	5%	1%
1	6.31	12.71	63.66	25	1.71	2.06	2.79
2	2.92	4.30	9.92	26	1.71	2.06	2.78
3	2.35	3.18	5.84	27	1.70	2.05	2.77
4	2.13	2.78	4.60	28	1.70	2.05	2.76
5	2.02	2.57	4.03	29	1.70	2.05	2.76
6	1.94	2.45	3.71	30	1.70	2.04	2.75
7	1.89	2.36	3.50	32	1.69	2.04	2.74
8	1.86	2.31	3.36	34	1.69	2.03	2.73
9	1.83	2.26	3.25	36	1.69	2.03	2.72
10	1.81	2.23	3.17	38	1.69	2.02	2.71
11	1.80	2.20	3.11	40	1.68	2.02	2.70
12	1.78	2.18	3.05	45	1.68	2.01	2.69
13	1.77	2.16	3.01	50	1.68	2.01	2.68
14	1.76	2.14	2.98	55	1.67	2.00	2.67
15	1.75	2.13	2.95	60	1.67	2.00	2.66
16	1.75	2.12	2.92	70	1.67	1.99	2.65
17	1.74	2.11	2.90	80	1.66	1.99	2.64
18	1.73	2.10	2.88	90	1.66	1.99	2.63
19	1.73	2.09	2.86	100	1.66	1.98	2.63
20	1.72	2.09	2.85	150	1.66	1.98	2.61
21	1.72	2.08	2.83	200	1.65	1.97	2.60
22	1.72	2.07	2.82	∞	1.65	1.96	2.58
23	1.71	2.07	2.81				
24	1.71	2.06	2.80				

(吉田，1998，p.281より：本書の付表1～3は，いずれも吉田寿夫氏著『本当にわかりやすいすごく大切なことが書いてあるごく初歩の統計の本』1998，北大路書房刊より，著者の許可を得て転載しています)

付表 2

付表 2-A　分散分析における F の臨界値（両側検定：有意水準10％）

df_2 \ df_1	1	2	3	4	5	6	7	8	9
3	5.54	5.46	5.39	5.34	5.31	5.28	5.27	5.25	5.24
4	4.54	4.32	4.19	4.11	4.05	4.01	3.98	3.95	3.94
5	4.06	3.78	3.62	3.52	3.45	3.40	3.37	3.34	3.32
6	3.78	3.46	3.29	3.18	3.11	3.05	3.01	2.98	2.96
7	3.59	3.26	3.07	2.96	2.88	2.83	2.78	2.75	2.72
8	3.46	3.11	2.92	2.81	2.73	2.67	2.62	2.59	2.56
9	3.36	3.01	2.81	2.69	2.61	2.55	2.51	2.47	2.44
10	3.29	2.92	2.73	2.61	2.52	2.46	2.41	2.38	2.35
11	3.23	2.86	2.66	2.54	2.45	2.39	2.34	2.30	2.27
12	3.18	2.81	2.61	2.48	2.39	2.33	2.28	2.24	2.21
13	3.14	2.76	2.56	2.43	2.35	2.28	2.23	2.20	2.16
14	3.10	2.73	2.52	2.39	2.31	2.24	2.19	2.15	2.12
15	3.07	2.70	2.49	2.36	2.27	2.21	2.16	2.12	2.09
16	3.05	2.67	2.46	2.33	2.24	2.18	2.13	2.09	2.06
17	3.03	2.64	2.44	2.31	2.22	2.15	2.10	2.06	2.03
18	3.01	2.62	2.42	2.29	2.20	2.13	2.08	2.04	2.00
19	2.99	2.61	2.40	2.27	2.18	2.11	2.06	2.02	1.98
20	2.97	2.59	2.38	2.25	2.16	2.09	2.04	2.00	1.96
21	2.96	2.57	2.36	2.23	2.14	2.08	2.02	1.98	1.95
22	2.95	2.56	2.35	2.22	2.13	2.06	2.01	1.97	1.93
23	2.94	2.55	2.34	2.21	2.11	2.05	1.99	1.95	1.92
24	2.93	2.54	2.33	2.19	2.10	2.04	1.98	1.94	1.91
25	2.92	2.53	2.32	2.18	2.09	2.02	1.97	1.93	1.89
26	2.91	2.52	2.31	2.17	2.08	2.01	1.96	1.92	1.88
27	2.90	2.51	2.30	2.17	2.07	2.00	1.95	1.91	1.87
28	2.89	2.50	2.29	2.16	2.06	2.00	1.94	1.90	1.87
29	2.89	2.50	2.28	2.15	2.06	1.99	1.93	1.89	1.86
30	2.88	2.49	2.28	2.14	2.05	1.98	1.93	1.88	1.85
32	2.87	2.48	2.26	2.13	2.04	1.97	1.91	1.87	1.83
34	2.86	2.47	2.25	2.12	2.02	1.96	1.90	1.86	1.82
36	2.85	2.46	2.24	2.11	2.01	1.94	1.89	1.85	1.81
38	2.84	2.45	2.23	2.10	2.01	1.94	1.88	1.84	1.80
40	2.84	2.44	2.23	2.09	2.00	1.93	1.87	1.83	1.79
42	2.83	2.43	2.22	2.08	1.99	1.92	1.86	1.82	1.79
44	2.82	2.43	2.21	2.08	1.98	1.91	1.86	1.81	1.78
46	2.82	2.42	2.21	2.07	1.98	1.91	1.85	1.81	1.77
48	2.81	2.42	2.20	2.07	1.97	1.90	1.85	1.80	1.77
50	2.81	2.41	2.20	2.06	1.97	1.90	1.84	1.80	1.76
55	2.80	2.40	2.19	2.05	1.95	1.88	1.83	1.78	1.75
60	2.79	2.39	2.18	2.04	1.95	1.87	1.82	1.77	1.74
65	2.78	2.39	2.17	2.03	1.94	1.87	1.81	1.77	1.73
70	2.78	2.38	2.16	2.03	1.93	1.86	1.80	1.76	1.72
75	2.77	2.37	2.16	2.02	1.93	1.85	1.80	1.75	1.72
80	2.77	2.37	2.15	2.02	1.92	1.85	1.79	1.75	1.71
85	2.77	2.37	2.15	2.01	1.92	1.84	1.79	1.74	1.71
90	2.76	2.36	2.15	2.01	1.91	1.84	1.78	1.74	1.70
95	2.76	2.36	2.14	2.01	1.91	1.84	1.78	1.74	1.70
100	2.76	2.36	2.14	2.00	1.91	1.83	1.78	1.73	1.69
120	2.75	2.35	2.13	1.99	1.90	1.82	1.77	1.72	1.68
140	2.74	2.34	2.12	1.99	1.89	1.82	1.76	1.71	1.68
160	2.74	2.34	2.12	1.98	1.88	1.81	1.75	1.71	1.67
180	2.73	2.33	2.11	1.98	1.88	1.81	1.75	1.70	1.67
200	2.73	2.33	2.11	1.97	1.88	1.80	1.75	1.70	1.66
300	2.72	2.32	2.10	1.96	1.87	1.79	1.74	1.69	1.65
400	2.72	2.32	2.10	1.96	1.86	1.79	1.73	1.69	1.65
500	2.72	2.31	2.09	1.96	1.86	1.79	1.73	1.68	1.64

（吉田，1998，p.284より）

付表 2-B 分散分析における F の臨界値（両側検定：有意水準 5 ％）

df_2 \ df_1	1	2	3	4	5	6	7	8	9
3	10.13	9.55	9.28	9.12	9.01	8.94	8.89	8.85	8.81
4	7.71	6.94	6.59	6.39	6.26	6.16	6.09	6.04	6.00
5	6.61	5.79	5.41	5.19	5.05	4.95	4.88	4.82	4.77
6	5.99	5.14	4.76	4.53	4.39	4.28	4.21	4.15	4.10
7	5.59	4.74	4.35	4.12	3.97	3.87	3.79	3.73	3.68
8	5.32	4.46	4.07	3.84	3.69	3.58	3.50	3.44	3.39
9	5.12	4.26	3.86	3.63	3.48	3.37	3.29	3.23	3.18
10	4.96	4.10	3.71	3.48	3.33	3.22	3.14	3.07	3.02
11	4.84	3.98	3.59	3.36	3.20	3.09	3.01	2.95	2.90
12	4.75	3.89	3.49	3.26	3.11	3.00	2.91	2.85	2.80
13	4.67	3.81	3.41	3.18	3.03	2.92	2.83	2.77	2.71
14	4.60	3.74	3.34	3.11	2.96	2.85	2.76	2.70	2.65
15	4.54	3.68	3.29	3.06	2.90	2.79	2.71	2.64	2.59
16	4.49	3.63	3.24	3.01	2.85	2.74	2.66	2.59	2.54
17	4.45	3.59	3.20	2.96	2.81	2.70	2.61	2.55	2.49
18	4.41	3.55	3.16	2.93	2.77	2.66	2.58	2.51	2.46
19	4.38	3.52	3.13	2.90	2.74	2.63	2.54	2.48	2.42
20	4.35	3.49	3.10	2.87	2.71	2.60	2.51	2.45	2.39
21	4.32	3.47	3.07	2.84	2.68	2.57	2.49	2.42	2.37
22	4.30	3.44	3.05	2.82	2.66	2.55	2.46	2.40	2.34
23	4.28	3.42	3.03	2.80	2.64	2.53	2.44	2.37	2.32
24	4.26	3.40	3.01	2.78	2.62	2.51	2.42	2.36	2.30
25	4.24	3.39	2.99	2.76	2.60	2.49	2.40	2.34	2.28
26	4.23	3.37	2.98	2.74	2.59	2.47	2.39	2.32	2.27
27	4.21	3.35	2.96	2.73	2.57	2.46	2.37	2.31	2.25
28	4.20	3.34	2.95	2.71	2.56	2.45	2.36	2.29	2.24
29	4.18	3.33	2.93	2.70	2.55	2.43	2.35	2.28	2.22
30	4.17	3.32	2.92	2.69	2.53	2.42	2.33	2.27	2.21
32	4.15	3.29	2.90	2.67	2.51	2.40	2.31	2.24	2.19
34	4.13	3.28	2.88	2.65	2.49	2.38	2.29	2.23	2.17
36	4.11	3.26	2.87	2.63	2.48	2.36	2.28	2.21	2.15
38	4.10	3.24	2.85	2.62	2.46	2.35	2.26	2.19	2.14
40	4.08	3.23	2.84	2.61	2.45	2.34	2.25	2.18	2.12
42	4.07	3.22	2.83	2.59	2.44	2.32	2.24	2.17	2.11
44	4.06	3.21	2.82	2.58	2.43	2.31	2.23	2.16	2.10
46	4.05	3.20	2.81	2.57	2.42	2.30	2.22	2.15	2.09
48	4.04	3.19	2.80	2.57	2.41	2.29	2.21	2.14	2.08
50	4.03	3.18	2.79	2.56	2.40	2.29	2.20	2.13	2.07
55	4.02	3.17	2.77	2.54	2.38	2.27	2.18	2.11	2.06
60	4.00	3.15	2.76	2.53	2.37	2.25	2.17	2.10	2.04
65	3.99	3.14	2.75	2.51	2.36	2.24	2.15	2.08	2.03
70	3.98	3.13	2.74	2.50	2.35	2.23	2.14	2.07	2.02
75	3.97	3.12	2.73	2.49	2.34	2.22	2.13	2.06	2.01
80	3.96	3.11	2.72	2.49	2.33	2.21	2.13	2.06	2.00
85	3.95	3.10	2.71	2.48	2.32	2.21	2.12	2.05	1.99
90	3.95	3.10	2.71	2.47	2.32	2.20	2.11	2.04	1.99
95	3.94	3.09	2.70	2.47	2.31	2.20	2.11	2.04	1.98
100	3.94	3.09	2.70	2.46	2.31	2.19	2.10	2.03	1.97
120	3.92	3.07	2.68	2.45	2.29	2.18	2.09	2.02	1.96
140	3.91	3.06	2.67	2.44	2.28	2.16	2.08	2.01	1.95
160	3.90	3.05	2.66	2.43	2.27	2.16	2.07	2.00	1.94
180	3.89	3.05	2.65	2.42	2.26	2.15	2.06	1.99	1.93
200	3.89	3.04	2.65	2.42	2.26	2.14	2.06	1.98	1.93
300	3.87	3.03	2.63	2.40	2.24	2.13	2.04	1.97	1.91
400	3.86	3.02	2.63	2.39	2.24	2.12	2.03	1.96	1.90
500	3.86	3.01	2.62	2.39	2.23	2.12	2.03	1.96	1.90

（吉田，1998, p. 285 より）

付表 2-C　分散分析におけるFの臨界値（両側検定：有意水準1％）

df_2 \ df_1	1	2	3	4	5	6	7	8	9
3	34.12	30.82	29.46	28.71	28.24	27.91	27.67	27.49	27.35
4	21.20	18.00	16.69	15.98	15.52	15.21	14.98	14.80	14.66
5	16.26	13.27	12.06	11.39	10.97	10.67	10.46	10.29	10.16
6	13.75	10.92	9.78	9.15	8.75	8.47	8.26	8.10	7.98
7	12.25	9.55	8.45	7.85	7.46	7.19	6.99	6.84	6.72
8	11.26	8.65	7.59	7.01	6.63	6.37	6.18	6.03	5.91
9	10.56	8.02	6.99	6.42	6.06	5.80	5.61	5.47	5.35
10	10.04	7.56	6.55	5.99	5.64	5.39	5.20	5.06	4.94
11	9.65	7.21	6.22	5.67	5.32	5.07	4.89	4.74	4.63
12	9.33	6.93	5.95	5.41	5.06	4.82	4.64	4.50	4.39
13	9.07	6.70	5.74	5.21	4.86	4.62	4.44	4.30	4.19
14	8.86	6.51	5.56	5.04	4.69	4.46	4.28	4.14	4.03
15	8.68	6.36	5.42	4.89	4.56	4.32	4.14	4.00	3.89
16	8.53	6.23	5.29	4.77	4.44	4.20	4.03	3.89	3.78
17	8.40	6.11	5.19	4.67	4.34	4.10	3.93	3.79	3.68
18	8.29	6.01	5.09	4.58	4.25	4.01	3.84	3.71	3.60
19	8.18	5.93	5.01	4.50	4.17	3.94	3.77	3.63	3.52
20	8.10	5.85	4.94	4.43	4.10	3.87	3.70	3.56	3.46
21	8.02	5.78	4.87	4.37	4.04	3.81	3.64	3.51	3.40
22	7.95	5.72	4.82	4.31	3.99	3.76	3.59	3.45	3.35
23	7.88	5.66	4.76	4.26	3.94	3.71	3.54	3.41	3.30
24	7.82	5.61	4.72	4.22	3.90	3.67	3.50	3.36	3.26
25	7.77	5.57	4.68	4.18	3.85	3.63	3.46	3.32	3.22
26	7.72	5.53	4.64	4.14	3.82	3.59	3.42	3.29	3.18
27	7.68	5.49	4.60	4.11	3.78	3.56	3.39	3.26	3.15
28	7.64	5.45	4.57	4.07	3.75	3.53	3.36	3.23	3.12
29	7.60	5.42	4.54	4.04	3.73	3.50	3.33	3.20	3.09
30	7.56	5.39	4.51	4.02	3.70	3.47	3.30	3.17	3.07
32	7.50	5.34	4.46	3.97	3.65	3.43	3.26	3.13	3.02
34	7.44	5.29	4.42	3.93	3.61	3.39	3.22	3.09	2.98
36	7.40	5.25	4.38	3.89	3.57	3.35	3.18	3.05	2.95
38	7.35	5.21	4.34	3.86	3.54	3.32	3.15	3.02	2.92
40	7.31	5.18	4.31	3.83	3.51	3.29	3.12	2.99	2.89
42	7.28	5.15	4.29	3.80	3.49	3.27	3.10	2.97	2.86
44	7.25	5.12	4.26	3.78	3.47	3.24	3.08	2.95	2.84
46	7.22	5.10	4.24	3.76	3.44	3.22	3.06	2.93	2.82
48	7.19	5.08	4.22	3.74	3.43	3.20	3.04	2.91	2.80
50	7.17	5.06	4.20	3.72	3.41	3.19	3.02	2.89	2.78
55	7.12	5.01	4.16	3.68	3.37	3.15	2.98	2.85	2.75
60	7.08	4.98	4.13	3.65	3.34	3.12	2.95	2.82	2.72
65	7.04	4.95	4.10	3.62	3.31	3.09	2.93	2.80	2.69
70	7.01	4.92	4.07	3.60	3.29	3.07	2.91	2.78	2.67
75	6.99	4.90	4.05	3.58	3.27	3.05	2.89	2.76	2.65
80	6.96	4.88	4.04	3.56	3.26	3.04	2.87	2.74	2.64
85	6.94	4.86	4.02	3.55	3.24	3.02	2.86	2.73	2.62
90	6.93	4.85	4.01	3.54	3.23	3.01	2.84	2.72	2.61
95	6.91	4.84	3.99	3.52	3.22	3.00	2.83	2.70	2.60
100	6.90	4.82	3.98	3.51	3.21	2.99	2.82	2.69	2.59
120	6.85	4.79	3.95	3.48	3.17	2.96	2.79	2.66	2.56
140	6.82	4.76	3.92	3.46	3.15	2.93	2.77	2.64	2.54
160	6.80	4.74	3.91	3.44	3.13	2.92	2.75	2.62	2.52
180	6.78	4.73	3.89	3.43	3.12	2.90	2.74	2.61	2.51
200	6.76	4.71	3.88	3.41	3.11	2.89	2.73	2.60	2.50
300	6.72	4.68	3.85	3.38	3.08	2.86	2.70	2.57	2.47
400	6.70	4.66	3.83	3.37	3.06	2.85	2.68	2.56	2.45
500	6.69	4.65	3.82	3.36	3.05	2.84	2.68	2.55	2.44

（吉田，1998，p.286より）

付表 3-A　q の臨界値（有意水準5%）

df_E \ k	3	4	5	6	7	8	9	10
3	5.910	6.825	7.502	8.037	8.478	8.852	9.177	9.462
4	5.040	5.757	6.287	6.706	7.053	7.347	7.602	7.826
5	4.602	5.218	5.673	6.033	6.330	6.582	6.801	6.995
6	4.339	4.896	5.305	5.629	5.895	6.122	6.319	6.493
7	4.165	4.681	5.060	5.359	5.606	5.815	5.997	6.158
8	4.041	4.529	4.886	5.167	5.399	5.596	5.767	5.918
9	3.948	4.415	4.755	5.024	5.244	5.432	5.595	5.738
10	3.877	4.327	4.654	4.912	5.124	5.304	5.460	5.598
11	3.820	4.256	4.574	4.823	5.028	5.202	5.353	5.486
12	3.773	4.199	4.508	4.748	4.947	5.116	5.262	5.395
13	3.734	4.151	4.453	4.690	4.884	5.049	5.192	5.318
14	3.701	4.111	4.407	4.639	4.829	4.990	5.130	5.253
15	3.673	4.076	4.367	4.595	4.782	4.940	5.077	5.198
16	3.649	4.046	4.333	4.557	4.741	4.896	5.031	5.150
17	3.628	4.020	4.303	4.524	4.705	4.858	4.991	5.108
18	3.609	3.997	4.276	4.494	4.673	4.824	4.955	5.071
19	3.593	3.977	4.253	4.468	4.645	4.794	4.924	5.037
20	3.578	3.958	4.232	4.445	4.620	4.768	4.895	5.008
21	3.565	3.942	4.213	4.424	4.597	4.743	4.870	4.981
22	3.553	3.927	4.196	4.405	4.577	4.722	4.847	4.957
23	3.542	3.914	4.180	4.388	4.558	4.702	4.826	4.935
24	3.532	3.901	4.166	4.373	4.541	4.684	4.807	4.915
25	3.523	3.890	4.153	4.358	4.526	4.667	4.789	4.897
26	3.514	3.880	4.141	4.345	4.511	4.652	4.773	4.880
27	3.506	3.870	4.130	4.333	4.498	4.638	4.758	4.864
28	3.499	3.861	4.120	4.322	4.486	4.625	4.745	4.850
29	3.493	3.853	4.111	4.311	4.475	4.613	4.732	4.837
30	3.487	3.845	4.102	4.301	4.464	4.601	4.720	4.824
32	3.475	3.832	4.086	4.284	4.445	4.581	4.698	4.802
34	3.465	3.820	4.072	4.268	4.428	4.563	4.680	4.782
36	3.457	3.809	4.060	4.255	4.414	4.547	4.663	4.764
38	3.449	3.799	4.049	4.243	4.400	4.533	4.648	4.749
40	3.442	3.791	4.039	4.232	4.388	4.521	4.634	4.735
42	3.436	3.783	4.030	4.222	4.378	4.509	4.622	4.722
44	3.430	3.776	4.022	4.213	4.368	4.499	4.611	4.710
46	3.425	3.770	4.015	4.205	4.359	4.489	4.601	4.700
48	3.420	3.764	4.008	4.197	4.351	4.481	4.592	4.690
50	3.416	3.758	4.002	4.190	4.344	4.473	4.584	4.681
55	3.406	3.747	3.989	4.176	4.328	4.455	4.566	4.662
60	3.399	3.737	3.977	4.163	4.314	4.441	4.550	4.646
65	3.392	3.729	3.968	4.153	4.303	4.429	4.538	4.633
70	3.386	3.722	3.960	4.144	4.293	4.419	4.527	4.621
75	3.382	3.716	3.953	4.136	4.285	4.410	4.517	4.611
80	3.377	3.711	3.947	4.129	4.278	4.402	4.509	4.603
85	3.374	3.706	3.942	4.123	4.271	4.395	4.502	4.595
90	3.370	3.702	3.937	4.118	4.265	4.389	4.495	4.588
95	3.367	3.698	3.933	4.114	4.260	4.383	4.489	4.582
100	3.365	3.695	3.929	4.109	4.256	4.379	4.484	4.577
120	3.356	3.685	3.917	4.096	4.241	4.363	4.468	4.560
140	3.350	3.677	3.908	4.086	4.231	4.352	4.456	4.547
160	3.346	3.672	3.902	4.079	4.223	4.344	4.447	4.538
180	3.342	3.667	3.897	4.074	4.217	4.337	4.441	4.531
200	3.339	3.664	3.893	4.069	4.212	4.332	4.435	4.525
300	3.331	3.654	3.881	4.056	4.198	4.317	4.419	4.508
400	3.327	3.649	3.875	4.050	4.191	4.309	4.411	4.500
500	3.324	3.645	3.872	4.046	4.187	4.305	4.406	4.494

（吉田，1998，p. 288より）

付表 3-B　q の臨界値（有意水準 1％）

df_E \ k	3	4	5	6	7	8	9	10
3	10.616	12.170	13.324	14.240	14.997	15.640	16.198	16.689
4	8.118	9.173	9.958	10.582	11.099	11.539	11.925	12.264
5	6.976	7.806	8.421	8.913	9.321	9.669	9.971	10.239
6	6.331	7.033	7.556	7.974	8.318	8.611	8.869	9.097
7	5.919	6.543	7.006	7.373	7.678	7.940	8.167	8.368
8	5.635	6.204	6.625	6.960	7.238	7.475	7.681	7.864
9	5.428	5.957	6.347	6.658	6.915	7.134	7.326	7.495
10	5.270	5.769	6.136	6.428	6.669	6.875	7.055	7.214
11	5.146	5.621	5.970	6.247	6.476	6.671	6.842	6.992
12	5.046	5.502	5.836	6.101	6.321	6.507	6.670	6.814
13	4.964	5.404	5.727	5.981	6.192	6.372	6.528	6.666
14	4.895	5.322	5.634	5.881	6.085	6.258	6.409	6.543
15	4.836	5.252	5.556	5.796	5.994	6.162	6.309	6.438
16	4.786	5.192	5.488	5.722	5.915	6.079	6.222	6.348
17	4.742	5.140	5.430	5.659	5.847	6.007	6.147	6.270
18	4.703	5.094	5.379	5.603	5.787	5.944	6.081	6.201
19	4.669	5.054	5.333	5.553	5.735	5.888	6.022	6.141
20	4.639	5.018	5.293	5.509	5.687	5.839	5.970	6.086
21	4.612	4.986	5.257	5.470	5.645	5.794	5.924	6.038
22	4.587	4.957	5.224	5.434	5.607	5.754	5.882	5.994
23	4.565	4.930	5.195	5.402	5.573	5.718	5.843	5.954
24	4.545	4.906	5.168	5.373	5.542	5.685	5.809	5.918
25	4.527	4.884	5.143	5.346	5.513	5.654	5.777	5.885
26	4.510	4.865	5.121	5.322	5.487	5.627	5.748	5.855
27	4.494	4.847	5.101	5.300	5.463	5.602	5.722	5.827
28	4.480	4.830	5.082	5.279	5.441	5.578	5.697	5.802
29	4.467	4.814	5.064	5.260	5.420	5.556	5.674	5.778
30	4.454	4.799	5.048	5.242	5.401	5.536	5.653	2.756
32	4.432	4.773	5.018	5.210	5.367	5.500	5.615	5.716
34	4.413	4.750	4.992	5.181	5.336	5.468	5.581	5.682
36	4.396	4.729	4.969	5.156	5.310	5.440	5.552	5.651
38	4.381	4.711	4.949	5.134	5.286	5.414	5.526	5.623
40	4.367	4.695	4.931	5.114	5.265	5.392	5.502	5.599
42	4.355	4.681	4.914	5.097	5.246	5.372	5.481	5.577
44	4.344	4.667	4.900	5.080	5.228	5.353	5.462	5.557
46	4.334	4.655	4.886	5.066	5.213	5.337	5.444	5.539
48	4.325	4.644	4.874	5.052	5.198	5.322	5.428	5.522
50	4.316	4.634	4.863	5.040	5.185	5.308	5.414	5.507
55	4.297	4.612	4.838	5.013	5.157	5.278	5.382	5.474
60	4.282	4.594	4.818	4.991	5.133	5.253	5.356	5.447
65	4.269	4.579	4.801	4.973	5.113	5.231	5.334	5.424
70	4.258	4.566	4.786	4.957	5.096	5.214	5.315	5.404
75	4.249	4.556	4.774	4.943	5.081	5.198	5.299	5.387
80	4.241	4.545	4.763	4.931	5.069	5.185	5.284	5.372
85	4.234	4.537	4.753	4.921	5.057	5.173	5.272	5.359
90	4.227	4.529	4.744	4.911	5.048	5.162	5.261	5.348
95	4.221	4.522	4.737	4.903	5.039	5.153	5.251	5.338
100	4.216	4.516	4.730	4.896	5.031	5.144	5.242	5.328
120	4.200	4.497	4.709	4.872	5.005	5.118	5.214	5.299
140	4.188	4.483	4.693	4.856	4.988	5.099	5.194	5.279
160	4.180	4.473	4.682	4.843	4.974	5.085	5.180	5.263
180	4.173	4.465	4.673	4.833	4.964	5.074	5.168	5.251
200	4.168	4.459	4.666	4.826	4.956	5.065	5.159	5.242
300	4.152	4.440	4.645	4.803	4.931	5.039	5.132	5.213
400	4.144	4.431	4.634	4.791	4.919	5.026	5.118	5.199
500	4.139	4.425	4.628	4.784	4.911	5.018	5.110	5.190

（吉田，1998, p.289 より）

付表 4　直交多項式の係数 c_{mj}

k	次数(m)	$c_{\cdot 1}$	$c_{\cdot 2}$	$c_{\cdot 3}$	$c_{\cdot 4}$	$c_{\cdot 5}$	$c_{\cdot 6}$	$c_{\cdot 7}$	$c_{\cdot 8}$	$\sum_{j}^{k} c_{mj}^2$
3	1	−1	0	1						2
	2	1	−2	1						6
4	1	−3	−1	1	3					20
	2	1	−1	−1	1					4
	3	−1	3	−3	1					20
5	1	−2	−1	0	1	2				10
	2	2	−1	−2	−1	2				14
	3	−1	2	0	−2	1				10
	4	1	−4	6	−4	1				70
6	1	−5	−3	−1	1	3	5			70
	2	5	−1	−4	−4	−1	5			84
	3	−5	7	4	−4	−7	5			180
	4	1	−3	2	2	−3	1			28
	5	−1	5	−10	10	−5	1			252
7	1	−3	−2	−1	0	1	2	3		28
	2	5	0	−3	−4	−3	0	5		84
	3	−1	1	1	0	−1	−1	1		6
	4	3	−7	1	6	1	−7	3		154
	5	−1	4	−5	0	5	−4	1		84
	6	1	−6	15	−20	15	−6	1		924
8	1	−7	−5	−3	−1	1	3	5	7	168
	2	7	1	−3	−5	−5	−3	1	7	168
	3	−7	5	7	3	−3	−7	−5	7	264
	4	7	−13	−3	9	9	−3	−13	7	616
	5	−7	23	−17	−15	15	17	−23	7	2184
	6	1	−5	9	−5	−5	9	−5	1	264

（4 章　水野作成）

人名・事項索引

【50音順】

【ア 行】

アナンド（Anand, P. G.）	142
イーグリー（Eagly, A. H.）	125
医学研究でのインフォームド・コンセントの基準	124
石田多由美	153
1要因分散分析表	145
一般平均	56
インフォームド・コンセント	25
ウェーバー（Waber, D. P.）	100
ウォルストン（Wallston, K. A.）	149
APA倫理規定	124
SAS	141
STATISTICA	141
STAR	141
SPSS	141
Excel	141
枝分かれ配置	74, 76
枝分かれ配置の分散分析	75
枝分かれ配置の分散分析表	76
HSD	63, 65, 66, 69, 78
F値	22
F分布	22
大芦　治	39
太田伸幸	141
OPAC	27

【カ 行】

χ^2（カイ2乗）検定	4
開平変換	131
カウンターバランス	19
角変換	131
角変換法	138
仮説	8
仮説の生成	9
カッパー係数	110
カテゴリカルデータ	138
観察法	4
鎌原雅彦	4
棄却域	23
棄却値	23
記述的研究	1
記述統計	4
基準変数	2
基礎心理学研究	81
北村満代	152
帰無仮説	22, 56
逆数変換	131
教育心理学研究	81
桐木建始	152
キンメル（Kimmel, A. J.）	124
偶然誤差	42
くり返しの数が不ぞろいのときの分散分析表	68
くり返しのある要因計画	41
くり返しの数	55
くり返しの数が不ぞろいの場合	67
黒沢　香	17
群間変動	31
群内変動	31
経験則	8
傾向検定	47, 91
結果変数	2
ケリー（Kelley, H. H.）	39
原因帰属	39
原因帰属の分散分析モデル	39
研究仮説	12
研究計画のドリル	108
検出力	23
現象界	14
検定力	23, 90
交互作用	55, 57, 61
コクラン（Cochran, W. G.）	140
誤差項	99
誤差の平方和	45
誤差変動	31
個人の平方和	45
固定模型	74
混合模型	75
Contemporary Educational Psychology	81

【サ 行】

最小2乗解	87
﨑浜秀行	81
サラパテック（Salapatek, P.）	82
CD-ROM	27
シェフェ（Scheffé）法	36
事後テストのみ実験	2
事後分析	62
事前―事後テスト実験	2
実験	2
実験群	2
実験計画法	2
実験社会心理学研究	81
実験者効果	20
実験的研究	1, 2
実験・分散分析的研究者	28
実験法	4
質問紙法	4
Journal of Experimental Education	81
Journal of Experimental Psychology	81
Journal of Experimental Social Psychology	81

人名・事項索引

Journal of Experimental Child Psychology	81
Journal of Educational Psychology	81
従属変数	2, 13, 18
主効果	55, 57
条件の平方和	45
剰余変数	18
剰余変数の統制	19
心理学研究	81
スミス（Smith, R. A.）	105
説明的研究	1
セミンスカ（Szeminska, A.）	132
全体の平方和	45
全変動	31
相関係数	110
相関的研究	1
相関分析	4
相互作用効果	3
操作的定義	15
操作変数	2

【タ　行】

第1種の誤り	23
対応のある t 検定	126
対応のある2群の平均値の比較	114, 115
対数線形モデル分析	138
対数変換	131
第2種の誤り	23
対立仮説	13, 22, 56
多重比較	35, 46, 55, 62, 63, 65, 66, 69, 74, 78, 96, 145
田辺恵子	149
多変量解析	4
探索的研究	1
単純主効果	62, 64, 97
単純主効果の検定	62, 68
チェイキン（Chaiken, S.）	125
調査・相関的研究者	28
直交多項式	47, 92
テューキー（Tukey）の HSD 法	36, 46, 53, 145, 152
天井効果	134
統計ソフト	141
統制群	2, 127
独立2群の t 検定	110
独立変数	2, 13, 18

【ナ　行】

中澤　潤	4
中司利一	124
長町三生	71
二重盲検法	20
にせ情報による研究	124
2要因分散分析	85
2要因分散分析表	58

認知科学	81

【ハ　行】

発達心理学研究	81
服部　環	38
林　文俊	122
原　孝成	160
バンクス（Banks, M. S.）	82
坂西友秀	155
ピアジェ（Piaget, J.）	132
PsycLit	27
p 値	23
被験者間1要因計画	30
被験者間1要因分散分析	145
被験者間・内混合2要因計画	82, 84, 119
被験者間2要因計画	55, 133, 136
被験者間2要因計画法	146
被験者間2要因分散分析	148
被験者間要因	55, 85
被験者間要因計画	31
被験者間要因による分散	86
被験者間要因分散分析表	58
被験者内1要因計画	40, 41
被験者内1要因計画の誤差	43
被験者内1要因計画のメリット	49
被験者内1要因分散分析	42
被験者内計画	41
被験者内要因	85
被験者内要因による分散	86
批判的思考	105
表情弁別	136
廣津千尋	72
フィールド（Field, T. M.）	136
フィッシャー（Fisher）の LSD 法	35
藤田知加子	27
British Journal of Educational Psychology	81
ブロック効果	73
分散分析法	4
分析単位	8
平均分	33
ヘイズ（Hays, W. L.）	92
偏差平方和	32
変数	2, 8
変量模型	75
保坂　亨	4
母数因子	74
母数模型	74

【マ　行】

牧野達郎	4
マッチング	110
道田泰司	105

人名・事項索引

無作為化	3
メイデス（Maides, S.）	149
面接法	4
森　敏昭	38

【ヤ　行】

谷島弘仁	146
山内隆久	125
梁瀬度子	71
有意水準	23
床効果	134
弓野憲一	138
要因	3
要因計画法	3,4
吉田寿夫	38,166

予測と統制の研究	1

【ラ　行】

乱塊法	50,70,71
乱塊法に基づく分散分析表	72
ランダマイゼーション	19
理論界	14
臨界値	23
ロス（Ross, S. M.）	142
ロッター（Rotter, J. B.）	149

【ワ　行】

ワーデン（Walden, T. A.）	136
ワイナー（Winer, B. J.）	87

175

心理学マニュアル	要因計画法

2000年11月20日　初版第1刷発行
2002年1月20日　初版第2刷発行
2003年3月20日　再版第1刷発行
2006年1月20日　再版第3刷発行

定価はカバーに表示
してあります。

編　者	後　藤　宗　理 大　野　木　裕　明 中　澤　　　潤
発行者	小　森　公　明
発行所	㈱北大路書房

〒603-8303　京都市北区紫野十二坊町12-8
電　話　(075) 431-0361㈹
FAX　(075) 431-9393
振　替　01050-4-2083

Ⓒ 2000　印刷／製本　創栄図書印刷㈱
検印省略　落丁・乱丁本はお取り替えいたします

ISBN4-7628-2196-9　Printed in Japan